Duas Leituras Semióticas

Coleção ELOS
Dirigida por J. Guinsburg

Equipe de realização — Revisão de provas: Francisco Dogo Pretel
e Vera Lúcia Bolognani; Programação visual: A. Lizárraga; Artes:
Marly Orlando Grieco; Produção: Plínio Martins Filho.

**Esta obra é publicada
em co-edição com a Secretaria
da Cultura, Ciência e Tecnologia
do Estado de São Paulo**

Esta obra é publicada
em co-edição com a Secretaria
de Cultura, Ciência e Tecnologia
do Estado de São Paulo

Eduardo Peñuela Cañizal

Duas Leituras Semióticas:
Graciliano Ramos e Miguel Angel Asturias

EDITORA PERSPECTIVA

Copyright © Editora Perspectiva S.A., 1977.

CIP-Brasil. Catalogação-na-Fonte
Câmara Brasileira do Livro, SP

Peñuela Cañizal, Eduardo, 1933—

P476d   Duas leituras semióticas : Graciliano Ramos e Miguel Ángel Asturias / Eduardo Peñuela Cañizal. — São Paulo : Perspectiva : Secretaria da Cultura, Ciência e Tecnologia do Estado de São Paulo, 1978.

·(Elos; 21)

Bibliografia.

1. Análise do discurso 2. Asturias, Miguel Ángel, 1899-1974 — Crítica e interpretação 3. Ficção — Técnica 4. Ramos, Graciliano, 1892-1953 — Crítica e interpretação 5. Semiótica

                 CDD-410
                    -808.3
                  -g863.09
                -869.9309

78-0766

Índices para catálogo sistemático:
1. Análise do discurso : Lingüística 410
2. Ficção : Técnica 808.3
3. Narrativa : Retórica : Literatura 808.3
4. Romance : Técnica 808.3
5. Romances : Literatura brasileira : História e crítica 869.9309
6. Romances : Literatura guatemalteca : Histórica e crítica g863.09

Direitos reservados à

EDITORA PERSPECTIVA S.A.

Av. Brigadeiro Luís Antônio, 3025
01401 — São Paulo — Brasil
Telefone: 288-8388
1978

SUMÁRIO

1. De regras e de jogos 9
2. Graciliano Ramos 31
3. Miguel Angel Asturias 53
   Bibliografia 85

1. DE REGRAS E DE JOGOS

Relationship is everything. And if you want to give it a more precise name, it is ambiguity.

THOMAS MANN

A obra de Graciliano Ramos e a de Miguel Angel Asturias despertaram em mim um sentimento de atração cuja intensidade veio aumentando durante o decorrer de dez anos. Em todo esse tempo, muitas horas de leitura se transformaram em práticas lúdicas sobre as quais brilhou, quase sempre, a alegria pessoal de uma ensolarada tarde de domingo. Se, por vezes, no campo do texto, o grito foi reprimido e o silêncio tomou conta dos recintos construídos para viver tais contendas, isso somente ocorreu quando os mutáveis regulamentos da vida conferiram autoridade a alguém para interromper ou adiar jogos que vinham sendo disputados com entusiasmo. Por causa dessas inferências, o que se segue não passa, talvez, de um conjunto de pequenos exercícios em que se reitera, desajeitadamente, um protesto. E se eles foram retocados e reunidos, numa tentativa de adequá-los ao formato deste livrinho, é porque, no fundo, não soube conformar-me com o silêncio de um estádio vazio. Não soube e, para continuar sobrevivendo, agarrei-me à memória e à escrita, como quem se agarra a uma bandeira feita de pano velho e de um pouco de amor calado.

Quanto à forma aqui assumida por dois trabalhos que, insistentemente, venho refazendo, posso apenas dizer que ela é fruto de um confronto entre a estabilidade dos textos de ficção, de um lado, e, de outro, a minha instabilidade na arte de arranjar uma linguagem que me pareça apropriada para realizar um ato de contacto. Convencido da ilusão de que o texto artístico é um objeto palpável, procuro, nos instrumentos da linguagem teórica com que pretendo trabalhar, as mãos com que tocar, de algum modo, essas outras linguagens que se fizeram corpo no espaço da obra.

Eu vejo o texto artístico como um espaço significante construído pela interação de linguagens diferentes. Uma espécie de corpo, único, mas cheio de caminhos e lugares imprevistos, nunca totalmente descoberto. Um corpo que se retorce em mim a cada leitura e invade com sua presença áreas minhas relegadas pela entorpecente transparência da história cotidiana ao silêncio mais escuro. Por isso, o prazer de chegar até os lugares do texto, depois de percorrer com passos lentos alguns dos seus caminhos, deixa em não sei que parte de mim um sabor de sussurro e um gosto úmido de grito reprimido. A materialidade do texto, a sua contextura, o que metaforicamente posso chamar de encanto pessoal, esconde a corporalidade do nu num jogo de linhas singulares que, como nos desenhos figurativos de Picasso, traça o fascinante itinerário dos indícios.

Ver um corpo não é iluminá-lo, expô-lo à luz indiferente do sol. Ao contrário, ver o corpo talvez seja tocar a harmonia de sua posição no espaço, encontrar o lugar que determina as características de sua intransferível individualidade. E é precisamente nessa topologia onde eu penso que o ver e o escrever marcaram seu encontro mais impregnante, pois aos passageiros fenômenos relativos à atividade de olhar se junta esse sonho de imortalidade de que se reveste a escrita, o signo em sua luta contra o tempo. Posso, por conseguinte, agarrar-me à crença de que a harmonia de um corpo e o lugar em que ela se manifesta formam a sua sintaxe, essa maneira semiótica de que se vale o corpo para poder estar ao lado do outro ou então afirmar a sua outridade para tornar possível minhas pretensões de chegar ao seu lado. Cabe à sintaxe a responsabilidade de instaurar o processo de enunciação, isto é, o encontro de dois sujeitos participantes através dos gestos da linguagem.

Não se trata de discernir na corporalidade do texto, por exemplo, a sintaxe normativa instituída pela concatenação das palavras de uma língua. O que eu procuro no corpo do poema é o gesto que me faça perceber a ilusão de tocar uma ausência, a sensação de um contato representado pela relação comunicativa desencadeada pelos indícios da linguagem. A minha leitura não se prende simplesmente ao sistema da língua natural utilizada pelo poeta — isso seria lidar com os valores ritualísticos aceitos pelos componentes de uma comunidade lingüística —; eu luto para atingir os indicantes do poema que me forneçam a geometria semiótica do gesto, a representação de um contacto e, conseqüentemente, do lugar onde se dá o encontro. A minha constante leitura da poesia de César Vallejo — para citar um caso — tem me levado a indicantes semióticos através dos quais me é viável percorrer caminhos que me garantem alcançar lugares do encontro. Assim, neste poema de *Trilce* —

11

PIENSO EN TU SEXO.

Simplificado el corazón, pienso en tu sexo,
ante el hijar maduro del día.

Palpo el botón de dicha, está en sazón.
Y muere un sentimiento antiguo
degenerado en seso.

Pienso en tu sexo, surco más prolífico
y armonioso que el vientre de la Sombra,
aunque la muerte concibe y pare
de Dios mismo.

Oh Conciencia,
pienso, sí, en el bruto libre
que goza donde quiere, donde puede.

Oh, escándalo de miel de los crepúsculos.

Oh estruendo mudo.

Odumodneurtse!,

o gesto de união entre a amada e o amante se define pela
inversão das figuras constituintes da escrita lingüística desse paradoxo semântico representado em *estruendo mudo*.
O último verso — *Odumodneurtse!* — possui os valores
indicantes de uma onomatopéia, de um gesto percebido e
instintivamente representado, mesmo que a representação
adquira sentido no corpo do poema por destruir a ordem
de uma sintaxe normativa. O sistema da língua usada pelo
poeta não é, como se pode observar, o elemento positivo
no que concerne à construção dessa onomatopéia em que
se representa o gesto do instinto, a escrita do corpo contra
o artifício da escrita; ao contrário, a língua passa a ter
valor poético no instante preciso em que é negada, em que
se implanta o gesto dessa negação. Mas negar a língua
não é destruí-la; negar a língua é conseguir uma negativi-
dade que funcione, no poema, como motivo por meio do
qual o sujeito enunciante — o *eu* do poeta que se encon-

tra com o *eu* da minha leitura — justifica dialeticamente a necessidade de outras linguagens não-verbais para estruturar o espaço significante do seu poema. Por esse caminho, o gesto de que venho falando me conduz, impondo-me sua condição de indicante, a esse lugar do poema —

> Y muere un sentimiento antiguo
> degenerado en seso.

— em que as unidades comunicativas da língua manifestam significados que se alteram se relacionados com os valores corporais do último verso.

Minha convivência com Vallejo — com a poesia de Vallejo — tem mostrado ser esse mecanismo um dos indícios que me permitiram reconhecer alguns dos lugares em que a sintaxe dos poemas me faz sentir a inconseqüente alegria do encontro. Depois de vários anos, esse princípio se transformou em regra sobre a qual montei meus constantes jogos de leitura. Vejo que outros leitores, principalmente os que deixaram a marca de suas leituras plasmadas em tradução, respeitaram esse mecanismo ao transladar para outra língua os indicantes desses indícios. Esta tradução feita por David Smith deixa evidente esse cuidado:

> I THINK ABOUT YOUR SEX.
>
> The heart simplified, I think about your sex,
> before the ripe flank of the day.
>
> I handle your happy bud, it's in season.
>
> And an ancient sentiment dies
> degenerated in brains.
>
> I think about your sex, your groove more fertile
> and harmonious than the womb of Darkness,
> even though Death conceives and gives birth
> from God himself.

Oh Conscience,
I'm thinking, yes, of the animal on the loose
who takes pleasure where he pleases, wherever he can.

Oh honeyed scandal of twilights.

Oh mute outcry.

Yrctuoetum!

É verdade que alguns valores fonológicos perderam sua eficácia na tradução — caso de *sexo* e *seso* —, mas é verdade também que o tradutor se esforçou, procurando manter outros muitos. Mas o que me importa destacar é o fato de o autor ter conservado o indicante do verso final, esse indício que obriga a uma releitura em que os valores semânticos veiculados pelos signos verbais sofrem radicais alterações. Eu quero dizer que encontrei *meu* Vallejo nesse trabalho feito com amor por David Smith para a belíssima edição ilustrada que Grossman Publisher lançou em Nova York em 1973.

Isso, porém, não é freqüente nesta atividade babélica já feita rito na cultura de nosso século. Não é fácil encontrar tradutores que, como Haroldo de Campos, antes de lançar-se à tarefa do transporte semiótico, se apaixonem aberta e secretamente pelo corpo do poema. Não é suficiente conhecer a correspondência de signos verbais entre duas línguas para vestir um poema com outras palavras; é necessário viver na corporalidade do poema os indícios que se formam pela contribuição de outras linguagens que, mesmo não sendo verbais, devem *também* ser traduzidas, já que, em muitos casos, não são formadas de signos pan-culturais e, principalmente, porque se expressam mediante determinadas propriedades do significante verbal. Isso ocorre de modo parcialmente visível no poema XX de

Trilce, onde a reiteração dos mesmos caracteres gráficos desenha sutilmente um indicante triangular:

> Bulla de botones de bragueta,
> libres,
> bulla que reprende A vertical subordinada.
> El desagüe jurídico. La chirota grata.
> Mas sufro, Allende sufro. Aquende sufro.

As diferentes posições ocupadas pelo A no corpo do poema indicam uma conhecida figura geométrica, figura essa que se insinua na própria configuração gráfica do A. Há, pois, indícios suficientes para identificar esse indicante. Mesmo assim, Roberto Paoli, em sua famosa edição de *Poesia, di César Vallejo*, (1964), estabelece a seguinte versão:

> Chiasso dei bottoni dei calzoni,
> spangiati,
> chiasso che ammonisce A verticale subordinata.
> Lo sfociamento giuridico. La virago gradita.
> Ma soffro. Fuori soffro. Dentro soffro.

No fragmento do poema original, a sonoridade sibilante — onomatopéia com que o poeta reproduz um ato fisiológico — ganha corporalidade e transcendência ao estar vinculada ao gesto sugerido pelo triângulo. A *interioridade-exterioridade* com que joga Vallejo em seu poema perdeu, na versão italiana de Paoli, um dos componentes fundamentais. Posso dizer que esse lugar do poema, esse lugar em que as linguagens diferentes se inter-relacionam para formar uma das partes da sua corporalidade, não foi por mim suficientemente identificado, pois o percurso da minha leitura encontrou *indícios estranhos* em caminhos que eu já quase conhecia de memória. Em contraposição, David Smith andou muito perto dos itinerários que eu costumo seguir em meus empenhos de contacto:

Babble of breach-flap buttons,
loosened,
babble reprimanding A subordinated vertical.
The juridical plumbing. The delicious shirotta.
But I suffer. On this side. And that side.

Creio que o corpo, como o poema, não mostra o seu sentido na obviedade de uma nudez facilmente identificável, nem tão pouco nos trajes com que lhe cobrem a sua insinuante geografia; a semântica do corpo, sua contextura de significações, se define e se manifesta numa linguagem de indícios, num grito fundo que a linguagem verbal nunca soube traduzir bem. Neste nosso século, de tanta nudez derramada, de tanta injustiça aparentemente corrigida, sentimos talvez mais do que as gentes de outros séculos a solidão de nosso corpo e a necessidade da sua linguagem, sufocada por tantas e tantas palavras indevidas. Talvez a autêntica poesia não seja simplesmente "palabra en el tiempo", como queria Antonio Machado; talvez a poesia seja uma indicialidade corporal feita linguagem, como doloridamente deseja Luis Buñuel.

Não me seduzem as idéias de amputar, como sugere com ar clínico este diagnóstico de Rui Mourão:

A prova mais incontestável da descontinuidade de *Vidas Secas* está em que a maioria de seus capítulos não se destinam a uma posição obrigatória e poderiam, sem qualquer prejuízo para a narrativa, ter sido seriados de mais de uma maneira. Por outro lado, poderia ser amputado esse ou aquele sem comprometer, de forma irremediável, o corpo geral da obra (1969, p. 150).

Não consegui ver em *Vidas Secas* nenhum sintoma que evidenciasse doença alguma. Creio que não me assistiria esse direito uma vez que o enfermo sou eu, recompondo-me todos os dias segundo conselhos de livros que me inquietam — Barthes, Greimas, Booth, Paz, Lotman, Lopes, Ricoeur, Propp, Saussure, Lévi-Strauss, Marin, Jakobson... Mesmo que preocupado com minhas lutas diárias, penso que não é justo levar até o virtual leitor destas páginas o meu itinerário de emendas ou, ainda, um simulacro de solidez que não possuo. Minha primeira intenção talvez seja confrontar linguagens, esfregá-las umas com as outras para que alguém — o outro ausente destas linhas — tente, por sua vez, encontrar sentidos nesses esfregões. Isso porque admito, com Roland Barthes, que a linguagem

é uma pele: posso roçar com ela a epiderme do outro. É como se eu tivesse palavras à guisa de dedos ou dedos na ponta de minhas palavras (1977, p. 87).

Não procuro o corpo geral da obra. O que me atrai são as suas particularidades, as áreas onde o contacto sempre seja uma possibilidade de carícia. As totalidades me assustam, deixam entre meus dedos e o corpo a ser atingido uma distância difícil de salvar. Contenta-me imaginar que na autenticidade do gesto mais simples se resume uma miniatura do mundo e da vida. Chegar até a simplicidade, porém, requer as voltas de muitas navegações e, ainda, a sobrevivência de muitos naufrágios. Atingir o gesto é como parar num abraço o fluxo circular do mito. Nesse ato, torna-se necessário *ouvir o grito do gesto,* suas emoções semânticas. Porque as palavras que se reúnem para formar o corpo da ficção parece que circundam sempre um mar interior, esse mar de imagens em que o artista deixa ao vento da leitura as embarcações do mito. Isso que Alicia Chibán sente quando explora esse compacto corpo de sonhos que Miguel Angel Asturias plasmou em *Hombres de Maíz*:

Tentar compreender *Hombres de Maíz* pressupõe estar disposto a romper com nossos hábitos racionais e perceptivos, vincular o inconciliável, relacionar o distante, confundir os tempos e os planos da realidade, e a identidade das personagens... (1975, p. 110).

Nas figuras que se espalham pelo corpo de um romance, tenho a sensação de deparar-me com armadilhas retóricas mediante as quais a linguagem caça os gestos primordiais. As imagens, nas malhas desse mapa, são como rios ou como montanhas: linhas e configurações fortemente traçadas para ressaltar os contrastes indicadores de seu relevo. As mãos de sinhá Vitória fechando as portas de uma casa, os pés dos caminhantes sobre as areias calcinadas pelo sol. A pele de um mapa em que a mão acariciante fica, quando menos se espera, presa.

Esses lugares do imaginário armazenam a violência de uma ruptura, de um conflito gerado pelas tensões entre elementos presentes e elementos ausentes. Os signos em que as imagens se manifestam levantam uma arquitetura da escrita em cujas colunas se enredam as ilusões de recuperar uma ausência. Miguel Angel Asturias sonha captar, por essa via, as ausências de um Sol perdido:

> Minha linguagem é uma linguagem de reflexos. Uma linguagem onde eu copio o invisível com meu espelho de pedra branca. E o invisível com meu espelho de pedra preta. Para dizer *árvore* coloco minha saliva de espelho diante da árvore e copio. Copiar um réptil, um camaleão, um esquilo, é nomeá-lo. Enquanto me seja possível imaginar, fixar em imagens tudo quanto o mundo possui e copiar com meu espelho preto tudo o que vejo em meus sonhos, falarei por imagens. Qual será, então, minha criação? Talvez nada. Em nada aumento o universo se eu me sirvo de um espelho com duas superfícies. Copiar não é criar. Vibro quando durmo. Eu sou apenas uma cópia-reflexo e não um criador de mundos. A tristeza me invade. Tenho a nostalgia da linguagem

de meus dedos. Minhas figuras de argila são agora baixos-relevos que formam as páginas de livros fabulosos. Tornei-me criador de imagens por medo do vazio e terminei caindo no vazio dos espelhos. O vazio dos espelhos me persegue (1971, pp. 50/51).

Os indícios de uma *representação da representação* apontam, sobre o corpo do texto, para uma das áreas de contacto através do espelho em que a linguagem se olha a si mesma, gravando, na superfície da escrita, imagens que não deixam transparecer o mundo copiado, em primeira instância, pela linguagem. Recordo-me que uma das páginas de *Três Tristes Tigres* surpreendeu meus primeiros esforços de leitura. Os signos me eram estranhos e somente consegui reconhecer os indícios das letras agrupadas em várias ilhas no mar branco da página. Com amparo nalgumas indicações da narrativa, tive um dia a idéia de colocar diante de um espelho a página enigmática. Na imagem especular, surgiram com nitidez palavras que me eram conhecidas e a mensagem, em sua simplicidade brincalhona, deixou-me a impressão de reprimir o gesto de um sorriso. Mas o processo me fez intuir os mecanismos do anagrama, isto é, a interioridade do discurso dentro do discurso. A página enigmática, quando refletida no espelho, transformava-se numa representação em que se copiavam coisas do mundo mediante signos cujos valores me eram habituais. Quero dizer que essa mensagem me transportava a um universo de verossimilhanças ditadas pelos meus costumes e pelas minhas crenças. Essa representação se *parecia* a algo que eu conhecia, tinha uma percentagem de *analogia* que me permitia entender sem grandes dificuldades o conteúdo da mensagem. Era, em síntese, uma representação primeira. Essa constatação, porém, levou-me a outra que, para mim, era desalentadora: o jogo tinha terminado. Acabava de sair do interior do discurso para cair na *realidade* da vida. Tinha, no entanto, a memória de um jogo cuja regra fundamental era determinada pelo confronto de duas representações. E, então, compreendi que, na verdade, o jogo não tinha terminado. Ao contrário, lá estava, inquietante e promissor, o seu começo. Campo aberto ao jogo dos espelhos, ao monólogo da companhia, como aquele enigmático monólogo de Alice escutado em silêncio pela gatinha Kitty e que, na tradução de Sebastião Uchoa Leite, ficou assim:

— Gostarias de viver na Casa do Espelho, Kitty? Será que lá eles também te dariam leite? Talvez o leite do espelho não seja lá muito bom de beber. Mas, oh Kitty, dessa vez chegamos até o corredor! Pode-se ver uma pontinha do corredor da Casa do Espelho, se deixarmos bem aberta a porta da nossa sala de visita: e é igualzinho a nosso corredor até onde se vê, só que mais adiante, você sabe, pode ser completamente diferente. Oh, Kitty, que bom seria atravessar para dentro da Casa do Espelho! Tenho certeza de que existem coisas lindas lá dentro. Vamos fazer de conta que existe uma maneira de atravessar, Kitty. Imagine que o espelho tenha ficado todo macio como gaze, e assim se pode atravessá-lo. Ora essa, ele está se transformando numa espécie de névoa, juro! Seria bem fácil atravessar... (1977, p. 142).

No filme *O Homem e a Câmera,* Dziga Vertov mostra através de várias metáforas como a linguagem poética do cinema surge no instante em que a montagem se transforma em representação da representação da fotografia em movimento. O ritmo que se origina nesse processo não é mais o ritmo que a câmera capta em sua representação da vida. A dinâmica que o espectador vê na tela está muito longe dos movimentos das imagens refletidas num espelho que tivesse a vida em sua frente. Mesmo sem considerar aqui os diferentes recursos de que o conhecido cineasta se vale para construir um discurso fílmico de poética originalidade, proponho-me unicamente chamar a atenção para alguns elementos expressivos da mensagem que resulta de uma representação que a linguagem faz de si mesma. No filme *Vidas Secas,* de Nelson Pereira dos Santos, há, na concatenação dos planos que encerram a seqüência da chegada da família à fazenda, a união de um *close* sobre a boca-preá da cachorra Baleia com a *panorâmica* de uma nuvem preta. É possível observar nessa junção de planos em que se representa, numa primeira instância, algo concreto de fácil identificação, a mensagem de uma representação segunda. Ao soldar duas imagens da representação analógica, a montagem, no caso, deixa em evidência o princípio ideogramático estudado e posto em prática por Eisenstein: o arranjo da *figura de uma boca* unida com a *figura de um pássaro* é uma representação segunda em que se manifestam significados diferentes, de certo modo, dos significados que veiculam as imagens em sua primeira representação. No exemplo de Eisenstein, o conteúdo, como se sabe, é canto; mas, no caso de *Vidas Secas,* o conteúdo que *boca-preá-nuvem* produz é *um* quando esses elementos são vistos pelas personagens *e outro,* talvez muito diferente, quando eles são considerados do ponto de vista imposto pela narração.

Penso que a representação da representação assinala no corpo do texto artístico zonas convidativas ao contacto. Creio, no entanto, que a primeira representação funciona como uma espécie de vestimenta com que se cobre a nudez poética criada pela segunda representação, pois, nela, a imagem propriamente dita — isto é, o que Eisenstein, em seus estudos posteriores sobre o ideograma e a montagem, considera como o resultado da articulação de, pelo menos, duas representações (1974, pp. 18/35) — encontra os limites necessários à sua existência, à concreção que permite o roçar. Não me parece conveniente, portanto, seguir, para chegar até a nudez, as trilhas da representação direta, como sugere Antônio Cândido neste fragmento de seus comentários em torno de *Vidas Secas*:

> Mais do que os outros, este livro é uma história, contada diretamente. A alma dos personagens, perquerida com amor e sugerida com desatavio, é apenas a câmera lenta do mesmo brilho que lhes vai nos olhos (1956, p. 53).

Dentre as idéias que o fragmento citado sugere, prefiro escolher aquela que, sutilmente, o crítico lança quando relaciona a alma das personagens com o efeito imagéticos produzidos pela técnica da câmera lenta. Lembro-me que, em *Los Olvidados*, Luis Buñuel, depois de ter diretamente avisado que as possíveis semelhanças entre as suas personagens e as pessoas da vida não eram meras coincidências, usa a câmera lenta em uma das seqüências mais poéticas do filme. Na seqüência a que estou aludindo, além do ritmo da montagem, os elementos constituintes dos planos que a integram — *mãe, filho, carne de vaca, penas de galinha...* — adquirem um ritmo que não se monta sobre os reflexos de compassos físicos da vida. Entre as imagens da primeira representação e o espelho que a segunda representação cria nem sempre se reflete a vida de um modo direto. Há, freqüentemente, a tensão de um confronto e, pode ocorrer, como em *L'Age d'Or*, para citar outro filme de Buñuel, que o espelho não reproduza o rosto de quem nele se olha, mas sim umas nuvens tormentosas que valem, sem dúvida, por ocupar o lugar de um rosto sem, com isso, deixarem de ser *algo que não é um rosto*.

Procuro o contacto nas dimensões interiores da linguagem e, conseqüentemente, nas relações de semiose formadas pelas representações de que venho falando. Por esse motivo, vejo-me, ao redigir estas páginas, num estado de conflito, pois para que estas palavras, que ordeno pela escrita, existam, devo contar com algum leitor que seja cúmplice, de alguma forma, comprometendo-se comigo no que diz respeito à teoria metalingüística subjacente às minhas hipóteses sobre o contacto. Conflito, repito, porque sinto nos meus esforços de coerência o peso de uma certa atmosfera poluída pelo ar da normatividade. Por outro lado, o conflito se atenua quando me convenço de que, ao criticar o julgamento dos outros, o que estou fazendo, no fundo, é tomar parte num diálogo em que intento encarnar o papel do cego da lenda guatemalteca que, nas palavras de Alicia Chibán, "es el único que puede ver la flor del amate, porque el amate no tiene flor visible, la lleva adentro, escondida en el fruto" (1975, p. 117). Dominado por essa cegueira paradoxal, empurro, pelos caminhos do diálogo, o peso de uma tarefa e talvez não *veja*, nas curvas dessa via, os acostamentos em que os outros pararam para descansar da viagem. Mas, em todo caso, gostaria que o leitor destas linhas sentisse que minha intenção é manter com ele um diálogo amplo em cuja temática o parecer dos outros fique, também, incluído. Existe a possibilidade de que as diferentes tarefas, que os participantes desse diálogo realizam, coincidam, pelo menos, num ponto em que se define uma vontade comum, um desejo em algo semelhante ao que expressa Joseph Conrad, em seu "Prefácio" ao *The Nigger of the Narcissus*, quando diz:

A tarefa que eu pretendo terminar, valendo-me do poder da palavra escrita, é fazer com que o outro escute, sinta — e, sobretudo — fazer com que o outro veja. Isso — e somente isso —, pois isso é tudo.

As normas, por conseguinte, dizem respeito à teoria semiótica em que de modo mais ou menos explícito, me coloco. Não tenciono julgar o texto, apenas tocá-lo partindo do princípio de que ele se me oferece no instante em que me reserva um lugar no espaço de uma situação de comunicação. Admito, com Genette, que o autor de um romance me situa, pela mensagem do texto, na condição de narratário, isto é, de um sujeito que define sua participação ao relacionar-se com o sujeito-narrador, nos moldes de um esquema como este:

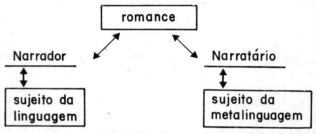

A intersubjetividade instituída pelo relacionamento comunicativo entre esses dois sujeitos tem, como primeiro lugar de encontro, o texto. O narrador, enquanto sujeito da linguagem plasmada no romance, não deve ser confundido com a pessoa do autor, embora mantenha com ele vínculos cujos domínios ultrapassam os territórios do esquema. Esses vínculos, porém, podem ser analisados de pontos de vista estilísticos orientados, como no caso da obra de Helmut Feldmann — *Graciliano Ramos. Reflexos de sua Personalidade na Obra* — ou de várias passagens do livro de Rolando Morel Pinto — *Graciliano Ramos Autor e Ator* —, para uma intersubjetividade cujo lugar de existência é, em última instância, a arquitetura psicológica do autor. A intersubjetividade a que eu me refiro tem seus pressupostos teóricos nos conceitos de função outrativa, tal qual os formula Edward Lopes quando declara que

o uso intra-subjetivo da linguagem apresenta-se ora como suporte ou estímulo das reflexões pessoais — como quando um estudante lê em voz alta, para si mesmo, uma lição, com o fito de decorá--la — ora como uma espécie de "apelo interior" — como quando uma pessoa repete para si mesma palavras de encorajamento, ao acometer uma tarefa difícil. É este, certamente, o caso do desdobramento de uma mesma personalidade, isto é, de um mesmo ator dividido em dois actantes contrários ou contraditórios, muito freqüente na poesia lírica, que vai ilustrado pelo começo dos dois poemas abaixo:

> Brincava a criança
> com um carro de bois.
>
> Sentiu-se brincando
> *E disse, eu sou dois!*
> Há um a brincar...
> E há outro a saber
> .... (Pessoa, 1967, 510).

> Carlos, sossegue, o amor
> é isso que você está vendo:
> hoje beija, amanhã não beija,
> ....
>
> Inútil você resistir
> ou mesmo suicidar-se.
> Não se mate, oh não se mate,
> .... (Drummond, 1955, 111).

No excerto de F. Pessoa, estamos diante de uma *função outrativa,* caracterizada pela divisão de uma personalidade num sujeito do conhecimento (o *eu*) e *um objeto interno do ato de conhecer* (o *mim*), postos numa confrontação dialética tal que o "mim" chega a converter-se em *outro* para o "eu": esse relacionamento reflete o tipo de relacionamento que, segundo Barthes, caracteriza a presença do *outro* (luta cuja finalidade é decidir acerca do predomínio de um dos dois elementos em jogo) (1976, pp. 58/59).

Não é na área da intra-subjetividade onde coloco o campo de relações entre o sujeito-narrador e o sujeito--narratário. Prefiro entender a *outridade* na transcendência de um relacionamento comunicativo em que dois sujeitos têm a possibilidade de se apertar as mãos para sentir o contacto coletivo que se atualiza na representação dos gestos primordiais feita pelos signos combinados na mensagem. Não sinto, na função outrativa, essa predominância das funções monológicas em que a Psicolingüística, como Edward Lopes reconhece, descobre a pertinência que lhe daria o direito de transformar essa função em seu objeto de estudo. Há na *outridade* uma espécie de invariante em que se monta o processo da enunciação e, por esse motivo, opto por reconhecer na outridade "um tipo peculiar de função conativa", para usar mais uma vez os termos do autor de *Fundamentos da Lingüística Contemporânea,* em que se implicam, na situação de relato, o sujeito do narrador e o do narratário, soldando, nesse vínculo, algo daquilo que Benveniste chama *subjectivité dans le langage* (1966, pp. 258/266).

A função conativa, tal como se define em vários tratados de Lingüística e de Semiótica, seria aquela que visa o destinatário da mensagem. Observando, no entanto, os mecanismos desta função nas variadas e diferentes mensagens através das quais o homem, como ser social, se comunica, parece-me ver neles uma série curiosa de traços em que, antes do que uma intencionalidade altruísta conduzida no sentido de alterar o comportamento do destinatário, se manifesta o medo que o remetente teria da solidão. Esse medo, contudo, assume muitas modalidades a ponto de ser possível isolar um conjunto de regras com as que não seria difícil chegar até um sistema que, a falta de outro termo, posso chamar de *ideologia do medo*. Medo do fracasso econômico, medo do fracasso político, medo do fracasso amoroso... todos eles resumem um ponto em comum: medo da solidão. A função outrativa, nas dimensões da intra-subjetividade, denota abertamente isso. No cinema mudo, por exemplo, a função conativa desempenha o papel de *trazer* o espectador para a mensagem, isto é, para o lugar em que se manifesta a subjetividade do narrador. Quem tenha visto o filme *Intolerância* poderá recordar como a grande maioria das cenas estão construídas segundo esse princípio. O fenômeno é patente nos filmes de Charles Chaplin, mesmo naquele em que o famoso cômico termina suas aventuras arrastando sua solidão por uma estrada que se perde no horizonte, pois, em termos de comunicação artística, o narrador plasma no plano o *tamanho da sua subjetividade*. Não é meu propósito discutir as modalidades aqui, unicamente pretendo chamar a atenção para o fato de que na comunicação artística a função conativa constitui, de modo geral, um apelo à solidariedade, ou seja, à inter-subjetividade. Machado de Assis, em *Quincas Borba,* usa essa função com tal maestria que tanto o narrador quando o leitor *sentem,* mesmo que ironicamente, o *calor da companhia*. Talvez por isso, alguns vejam na comunicação artística o único espaço em que a mensagem se manifesta de *maneira autêntica*: o gesto primordial.

Ocorre que, numa situação de relato, quando o sujeito da metalinguagem transforma seu encontro com o sujeito da linguagem em escrita, esta, por sua vez, implica um sujeito-leitor. Mas creio que o que eu estou tentando dizer, valendo-me, obviamente, da função fática — até cheguei a falar em estado de conflito —, é que a metalinguagem, tal como a vejo, constitui, em qualquer hipótese, um meio de contacto com a linguagem. No caso do texto narrativo, a metalinguagem forma um caminho de acesso aos códigos do texto. Nesse sentido, a metalinguagem semiótica funciona como um convite à leitura do texto e não como um veículo que o seu sujeito tem para impor ao leitor os valores que ele — o sujeito da metalinguagem — pense ter achado no texto. Acredito que nesse arrazoado se fundamenta minha proposta de colocar a *metalinguagem ao lado da linguagem do texto*. Por esse motivo, as duas partes que se seguem possuem um estilo mais impessoal, dentro dos limites em que isso é possível.

E, para concluir estas linhas introdutórias, quero ainda dizer alguma coisa sobre o *carro de bois* que ofereço para o jogo. O brinquedo, continuando a metáfora, se situa nesse espaço do texto que, na teoria semiótica, recebe o nome de nível da narração. Ou seja, nesse lugar da linguagem em que o narrador integra, de modo criativo, as personagens por ele forjadas e as ações componentes de uma fábula. Procuro, portanto, aproveitar a teoria semiótica naqueles aspectos em que a metalinguagem fica *mais perto* dos chamados processos de enunciação. No atinente a *Vidas Secas,* meu propósito é construir uma regra que o leitor poderá levar ao texto da ficção para ler, dentro dos códigos do texto, uma relação entre o narrador e as personagens. Já no que diz respeito à obra de Miguel Angel Asturias, minha intenção é aproveitar a metalinguagem para indicar um espaço da narração em que o narrador se vale das propriedades gráfico-sintáticas dos signos verbais para configurar significantes de signos pertencentes a sistemas semióticos não-verbais. Tanto em Graciliano Ramos quanto em Miguel Angel Asturias, as particularidades procuradas se localizam no âmbito da representação da representação, isto é, no interior do discurso literário, lugar onde o narrador também se vale da função metalingüística. Meu interesse, porém, não ultrapassa, propriamente, os limites do sincrônico, já que, no campo da diacronia, dou por assentado, com Haroldo de Campos, que

Na literatura latino-americana, parece-nos que essa problematização metalingüística terá ocorrido, pela primeira vez, na obra excepcional do brasileiro Machado de Assis, em especial em *Memórias Póstumas de Brás Cubas* (1881), *Quincas Borba* (1891) e *Dom Casmurro* (1899), livros onde se pode vislumbrar a influência de Sterne, assimilada porém e organizada num sentido muito pessoal. São romances em crise, que já não mais conseguem se conter nos lindes do gênero, desprezando o desenvolvimento romanesco habitual em prol de uma contínua dialética irônico-crítica autor-leitor. Depois, será talvez preciso aguardar pelo argentino Macedonio Fernández — *el escritor de la nada,* como o chama César Fernández Moreno — para se ter uma nova e, de certo modo, ainda mais radical aproximação ao problema... (1977, p. 37).

2. GRACILIANO RAMOS

Na verdade falava pouco. Admirava as palavras compridas e difíceis da gente da cidade, tentava reproduzir algumas, em vão, mas sabia que elas eram inúteis e talvez perigosas.

GRACILIANO RAMOS: Vidas Secas

Le rêve: connaître une langue étrangère (étrange) et cependant ne pas la comprendre: percevoir en elle la différence soit jamais récupérée par la socialité superficielle du langage, communication ou vulgarité; apprendre la systématique de l'inconcevable; défaire notre «réel» sous l'effet d'autres découpages, d'autres syntaxes; découvrir des positions inouïes du sujet dans l'énonciation, déplacer sa topologie...

ROLAND BARTHES: L'empire des signes.

As aberturas de significação decorrentes da ambigüidade das mensagens literárias não são entidades utópicas cuja existência lhes seja garantida pela inefabilidade. Ao contrário, elas são sentido e, por serem isso, as suas formas devem ser procuradas nos diversos lugares semióticos do texto em que se manifestam. No caso do discurso literário, o dinamismo das instâncias do texto se deixa perceber na vertical de uma espécie de coluna vertebral em que se integram os membros componentes da sua corporalidade. Uma personagem, por exemplo, não é uma representação realista, uma cópia fotográfica de um mundo de figuras visíveis. Uma personagem, enquanto sentido, constitui, como diz Barthes

uma cena ocupada por blocos de sentido, às vezes variados, repeditos e descontínuos (fechados); do arranjo (retórico, anatômico ou frásico) desses blocos surge um diagrama do corpo, não sua cópia (pelo que o retrato fica inteiramente subordinado à estrutura lingüística, já que a língua conhece unicamente analogias diagramáticas: *analogias,* no sentido etimológico: proporções): o corpo do velho — refere-se a uma personagem de Balzac — não se "destaca" como um referente real sobre o fundo das palavras ou do salão; ele é o espaço semântico em si mesmo, torna-se espaço ao tornar-se sentido. Dito de outra maneira: a leitura do retrato realista não é uma leitura "realista", é uma leitura cubista: os sentidos são cubos, amontoados, empilhados, justapostos, mas, no entanto, a se morder os uns aos outros, provocando uma translação que produz todo o espaço do quadro e faz desse espaço um sentido *suplementar* (acessório e atópico), o sentido do corpo humano: a figura não é o total, o quadro ou o suporte, ela é um sentido a mais... (1970, pp. 67/68).

O diagrama do corpo de uma personagem se torna visível pela mediação de um instrumental de trabalho que, ao menos operacionalmente, se mostre adequado e conveniente. O sentido da personagem não é atingido de modo completo no lugar do texto que a teoria lingüística sobre os níveis demarca. Não há dúvida de que na base da vertical aludida estão as ações desempenhadas pelas personagens e, no centro, a maneira de realizar essas ações, ficando para a extremidade superior uma área mais complexa, pois nela, além da integração dos níveis funcional e actancial, outras linguagens, utilizadas pelo narrador, se projetam. Em virtude disso, a semiose do texto não pode encontrar explicação suficiente no itinerário de sentido que se define, em termos lingüísticos, pela integração da sílaba na palavra e desta na frase. O discurso literário transcende esses limites ao oferecer-se como um texto translingüístico cuja decodificação solicita a participação dos sujeitos componentes de uma situação de relato. Assim como no interior de uma estória existe um intercâmbio entre sujeitos que realizam a fábula, jogo constante entre destinadores e destinatários e objetos de valor; do mesmo modo, o texto literário, enquanto objeto, é portador das tensões comunicativas em que se implicam o narrador e o narratário. Desse ângulo, o problema, no âmbito dos modelos semióticos mais recentes, é descobrir o código através do qual o narrador e o narratário, parafraseando o pensamento do Barthes de *Introduction à l'Analyse Structurale des Récits,* são significados no decorrer do relato e da sua leitura.

A ambigüidade, da perspectiva que seja examinada, se transforma em sentido no instante em que o narrador e o narratário se relacionam através de um códico em que elementos da linguagem literária e da metalinguagem se imbricam. Nesse código, porém, o significante dos signos lingüísticos constitui, na maior parte das vezes, um indicante, isto é, um elemento do plano da expressão do signo literário que se veicula, na situação de relato, pelas vias de um sistema de conotação. Existe, por conseguinte, um campo semântico em que o sujeito do narrador e o do narratário se pressupõem e, por isso, toda situação de relato justifica uma leitura em que se englobam as ideologias oriundas dos trabalhos de montagem efetuados pelo narrador e das atividades de desmontagem praticadas pelo narratário.

No começo do capítulo "Contas", o sujeito narrador cria uma atmosfera de ambigüidade ao jogar sutilmente com o ponto de vista:

Fabiano recebia na partilha a quarta parte dos bezerros e a terça dos cabritos. Mas como não tinha roça e apenas se limitava a semear na vazante uns punhados de feijão e milho, comia da feira, desfazia-se dos animais, não chegava a ferrar um bezerro ou assinar a orelha de um cabrito.

Se pudesse economizar durante alguns meses, levantaria a cabeça. Forjara planos. Tolice, quem é do chão não se trepa. Consumidos os legumes, roídas as espigas de milho, recorria à gaveta do amo, cedia por preço baixo o produto das sortes. Resmungava, rezingava, numa aflição, tentando espichar os recursos minguados, engasgava-se, engolia em seco. Transigindo com outro, não seria roubado tão descaradamente. Mas receava ser expulso da fazenda. E rendia-se. Aceitava o cobre e ouvia conselhos. Era bom pensar no futuro, criar juízo. Ficava de boca aberta, vermelho, o pescoço inchado. De repente estourava:

— Conversa. Dinheiro anda num cavalo e ninguém pode viver sem comer. Quem é do chão não se trepa.

Nota-se, por exemplo, uma leve diferença de atitude narrativa entre o primeiro parágrafo e várias passagens do segundo. Chama, no entanto, a atenção o fato de a frase — *quem é do chão não se trepa* — ter, nesse trecho do texto, dois sujeitos emissores: de um lado, o narrador e, de outro, a personagem. A frase, em termos lingüísticos, reúne sete palavras cujos significados não oferecem resistência à compreensão, mesmo porque os possíveis valores de conotação, que essa expressão realmente tem, se encerram no clichê de um provérbio de amplo domínio popular. Nos modelos lingüísticos, a frase do segundo parágrafo e a do estouro de Fabiano possuem a mesma estrutura. Mas, na desmontagem que o leitor pode fazer valendo-se dos modelos semióticos sobre a narrativa, essa identidade de estrutura desaparece, uma vez que os sujeitos emissores ocupam pontos diferentes no espaço da metalinguagem, assim como ocupam, também, pontos diferentes no espaço do texto. Decorre, de tal constatação, que os significados de cada uma das frases não poderão ser, conseqüentemente, os mesmos. O próprio texto instaura um processo de metalinguagem no momento em que se pensa que o narrador cita a personagem ou èsta cita o narrador. Tal mecanismo determina um espaço semântico onde se instala a ambigüidade, armadilha com que o sujeito da narração prende a atenção do sujeito narratário. Há, no espaço semântico sugerido, os indícios das regras de um código em que as ideologias dos participantes de uma situação de relato se encontram.

Por outro lado, os sentidos da ambigüidade de que se fala devem ser procurados numa estrutura semiótica em que se implicam, além da linguagem verbal, outras linguagens, outros sistemas semióticos em que os blocos de sentido se apóiam. Nas malhas criadas pelas relações dessas linguagens na estrutura do texto se formam mensagens semânticas cuja decodificação será muito parcial se a mesma se efetua com base na representação analógica, isto é, com base num tipo de representação em que os valores dos signos verbais estão previamente estabelecidos por uma ideologia que fundamenta a verossimilhança numa relação "realista" entre, por exemplo, a *personagem* e a *pessoa*. São muito freqüentes as práticas de leituras realizadas segundo esses moldes; uma das mais "exemplares" é a que oferece Álvaro Lins em, "Valores e Misérias das Vidas Secas", ao dizer

Eis uma novidade desta obra quanto à forma: a narrativa na terceira pessoa, com o autor a movimentar diretamente os seres da sua criação. Contudo, tecnicamente, *Vidas Secas* apresenta dois defeitos consideráveis. Um deles é que a novela, tendo sido construída em quadros, os seus capítulos, assim independentes, não se articulam formalmente com bastante firmeza e segurança. Cada um deles é uma peça autônoma, vivendo por si mesma, com um valor literário tão indiscutível, aliás, que se poderia escolher qualquer um, conforme o gosto pessoal, para as antologias. O outro defeito é o excesso de introspeção em personagens tão primários e rústicos, estando constituída quase toda a novela de monólogos interiores. A inverossimilhança, neste caso, não provém da substância da novela, mas da técnica (1973, p. 37).

Tanto o *corpo* quanto a *alma* da personagem não podem ser unicamente o resultado de uma cópia, de um arranjo de signos cujo sentido básico se resume na reprodução das propriedades primárias e rústicas do "modelo" real, do referente. Falar do simplismo de Fabiano, enquanto personagem, é, de certa maneira, reconhecer em *Vidas Secas* um dos mecanismos de representação gerador de ambigüidade, pois a *cópia,* a fotografia do *modelo,* a fotografia de Fabiano não pode ser nem mais simples nem mais complexa do que a fotografia de *qualquer outra pessoa.* Se existe simplicidade, ela deve ter origem num processo de representação em que entrem em jogo os elementos componentes da linguagem fotográfica propriamente dita. Ou seja, num processo em que a linguagem das representações analógicas é questionada, é vivida em sua dimensão de semiose: no espaço cultural que se arquiteta entre o plano da expressão e o plano do conteúdo de um signo. Da vivência desse espaço tira o sujeito da narração as colunas com que sustentar esses blocos de sentido de que fala Barthes, esses cubos que permitem vários arranjos, várias disposições no espaço semântico configurado pela representação da representação.

Entre as duas representações se cria, metaforicamente falando, um corredor por onde circula a metalinguagem. Só que, no caso da literatura moderna, a função metalingüística nem sempre é esclarecedora. Mas, mesmo nas passagens em que ela anda de mãos dadas com a ambigüidade, essa função deixa importantes indícios no mapa do discurso literário. Tais sinais podem ser considerados como marcas que deixa o narrador para comprometer o narratário no processo da comunicação. Elas conotam um saber fazer através do qual o narrador tece as malhas de um sistema de significação. O narratário, por sua vez, deve mostrar um saber ao percorrer esse caminho cheio de marcas e sinais e uma vontade de conhecer algumas das regras do jogo para entrar nele.

Em *Vidas Secas,* o narrador, aparentemente, se ausenta da estória por ele forjada. Mas essa ausência, vista em relação aos níveis do discurso narrativo, produz, já nos primeiros contactos com a obra, ambigüidades que dificultam a tarefa de determinar o ponto de vista em que ele se coloca. E se se pensa que a perspectiva não é tão só uma questão de espaço, mas também de tempo, resulta ainda mais difícil localizar o narrador nos lugares do texto. Já se viu, em trecho transcrito, que uma das frases suscita, no leitor atento, uma certa perplexidade, pois não se sabe se o narrador cita a personagem ou esta repete — copia — uma das expressões utilizadas pelo narrador. Neste outro trecho,

Foi à sala, passou por baixo do punho da rede onde Fabiano roncava, tirou do caritó o cachimbo e uma pele de fumo, saiu para o copiar. O chocalho da vaca laranja tilintou para os lados do rio. Fabiano era capaz de se ter esquecido de curar a vaca laranja. Quis acordá-lo e perguntar, mas distraiu-se olhando os xiquexiques e os mandacarus que avultavam na campina (p. 78),

o narrador tira de um mesmo tempo verbal traços com que representar diferentes durações. Até *distraiu-se olhando* toda a seqüência de tempos verbais deixa a impressão de um presente vivido pela personagem como figura que se movimenta diante dos olhos do narratário; mas essa impressão se desfaz a partir do momento em que a personagem, no caso sinhá Vitória, fixa o olhar: o tempo pára e o narratário não sabe se foi a personagem que *quis* ou se foi o narrador interpretando a *memória* da personagem.

Tudo indica que uma das causas da ambigüidade de *Vidas Secas* parece derivar da indefinição posicional do narrador, pois a terceira pessoa, enquanto foco narrativo, é, em muitas passagens do romance, desconcertante. Embora não coloque esse assunto de maneira explícita, Álvaro Lins, no estudo citado, intui isso quando critica o excesso de introspecção e elogia as qualidades "estritamente literárias" do estilo em que o romance foi escrito. No geral, os críticos coincidem na idéia de que o romance *só poderia ser escrito em terceira pessoa*. Mas Antônio Cândido, mesmo defendendo esse ponto, assinala que em

nenhum outro livro é tão sensível quanto neste a *perspectiva recíproca,* referida acima, que ilumina o personagem pelo acontecimento e este por aquele (1956, p. 54).

Interpretando a expressão *perspectiva recíproca,* poderíamos dizer que o narrador manipula o nível funcional e o nível actancial de modo tal que a terceira pessoa é como se se ausentasse deixando no seu lugar as marcas dessa manipulação. Um foco narrativo em primeira pessoa poderia, no entanto, ter feito isso. Alguém poderia simular que conheceu *essas pessoas* e arrancar da sua memória a coerência para o relato. Em todo caso, a ambigüidade, neste particular, persiste; como persiste também se procurarmos uma qualificação para o narrador nos quadros de um modelo semiótico, como, por exemplo, o de Genette.

Preocupado em construir uma matriz que sirva para definir o *estatuto* do narrador, o autor de *Figures III* nos dá o seguinte quadro:

Se, em todo relato, se define o estatuto do narrador pelo seu nível narrativo (extra- ou intradiegético) e pela sua relação com a estória (hetero- ou homodiegética), podemos representar por um quadro de dupla entrada os quatro tipos fundamentais do estatuto do narrador: 1) *extradiegético-heterodiegético,* paradigma: Homero, narrador em primeiro grau que conta uma estória da qual ele está ausente; 2) *extradiegético-homodiegético,* paradigma: Gil Blas, narrador em primeiro grau que conta sua própria estória; 3) *intradiegético-heterodiegético,* paradigma: Scherezade, narradora em segundo grau que conta estórias de que ela está geralmente ausente; 4) *intradiegético-homodiegético,* paradigma: Ulisses nos cantos de IX a XII, narrador em segundo grau que conta sua própria estória (1972, pp. 255/256).

Tal quadro pode ser esquematizado:

Nível Relação	Extradiegético	Intradiegético
Heterodiegética		
Homodiegética		

Isso posto, podemos dizer que o narrador de *Vidas Secas,* no que diz respeito à relação com a obra, preenche todos os requisitos indispensáveis a um relacionamento heterodiegético. No tocante ao nível, porém, a posição do narrador nessa matriz dá margem a dúvidas: na primeira representação ou representação analógica, o narrador apresenta-se como extradiegético, ao passo que, na representação da representação — no sistema de conotação —, o narrador parece assumir as características do intradiegético. Essa última posição não se instaura, no texto de *Vidas Secas,* pela participação do narrador nos acontecimentos do relato, como em *São Bernardo,* por exemplo; ela se manifesta através de um mecanismo em que o relacionamento entre narrador e personagens é, em muitos momentos, algo virtual, ou seja, uma espécie de relação em que o sujeito e o objeto instauram uma tensão disjuntiva. Nesse campo de tensões, instala-se, como se verá a seguir, a ambigüidade.

Considerando que o discurso de *Vidas Secas* é o espaço semiótico onde se projetam as modalidades de manifestação, o narratário poderá confinar, nesse espaço, áreas de contacto. Uma delas, a que acaba de ser indicada pela metalinguagem da matriz de Genette, inclui elementos da relação integrativa entre as unidades actanciais — de um modo geral, as personagens — e as unidades do nível da narração, o que Roland Barthes chama signos da narratividade, ou, em outros termos, os planos expressivos criados pelo narrador ao fazer uso dos signos da língua, dos signos formados pelo aproveitamento dos elementos sintáticos, em suma, dos signos de vários sistemas semióticos. No que tange aos elementos sintáticos, por exemplo, convém observar os valores posicionais assumidos na cadeia do discurso pelos signos que nele se arranjam, pois a disposição das palavras institui uma ordem cuja repercussão no plano do conteúdo não se deve desprezar. Apenas para ilustrar a importância dos *valores posicionais,* observemos que, na tradução norte-americana do romance de Graciliano Ramos, o ordenamento sintático do original sofre alterações como a de inverter o ordenamento pautado numa visão que vai do geral para o particular. Logo no começo

The jujube trees spread in two green stains across the reddish plain. The drought victims had been walking all day; they were tired and hungry (Dimmick, 1965),

constata-se essa inversão, talvez feita com o intuito de que o texto fique *mais claro,* pois o tradutor, em muitas passagens, traduz *sua* interpretação e, em razão disso, os signos sintáticos do original, que poderiam ser mantidos na versão, desaparecem, como desaparece, no trecho transcrito, essa montagem realista — que deixa a impressão de "realismo" — que veicula o texto de Graciliano Ramos ao ter sido ordenado segundo uma direção que vai do geral ao particular:

Na planície avermelhada os juazeiros alargavam duas manchas verdes. Os infelizes tinham caminhado o dia inteiro, estavam cansados e famintos.

A ordem que as palavras assumem na representação do espaço, seja este natural ou artificial, as tensões de disjunção entre o narrador e as personagens, os signos sintáticos propriamente ditos, tudo isso projeta um *conteúdo conotado,* um campo semântico em que se manifestam fragmentos ideológicos. Encontrar-lhe uma regra a esse campo, um sistema em que apoiar a prática de leitura, equivale, em nossa proposta, a ter condições para participar do jogo. Tendo em vista essa premissa, passamos à procura de invariantes no texto.

Ao nível funcional, a fábula de *Vidas Secas* não anda; o discurso narrativo avança pela expansão de unidades de outros níveis. A função de *carência* se repete constantemente em todo o romance, formando uma espécie de monótona cantilena. As diferentes modalidades da função — carência de descanso, carência de alimentos, carência ... — ressaltam a força dessa monotonia. As reações e ações das personagens no desempenho das funções dinamizam, no entanto, a importância das motivações, principalmente se se considera que essa integração caracteriza a linguagem do que seria uma representação primeira. As mensagens dessa modalidade de representação apresentam uma repetição de contextos lingüísticos — uma espécie de indício que se reitera — organizados em torno das palavras *olhar* e *ver*. Assim, para citar alguns exemplos, nestas passagens:

Fazia tempo que não viam sombra (p. 46); Fabiano seguiu-a com a vista e espantou-se; uma sombra passava por cima do monte (p. 47); Olhou em torno, com receio de que, fora os meninos alguém tivesse percebido a frase imprudente (p. 53); Chegou à porta, olhou as folhas amarelas das catingueiras (p. 81); Aproximou-se do chiqueiro das cabras, viu o bode velho fazendo um barulho feio com as ventas arregaçadas... (p. 87); Ergueu-se, afastou-se, quase livre da tentação, viu um bando de periquitos que voava sobre as catingueiras (p. 89); O menino mais novo bateu palmas, olhou as mãos de Fabiano, que se agitavam por cima das labaredas, escuras e vermelhas (p. 107); Fabiano percorreu o alpendre, olhando a baraúna e as porteiras, açulando um cão invisível contra animais invisíveis... (p. 129); Espalhou a vista pelos quatro cantos. Além dos telhados, que lhe reduziam o horizonte, a campina se estendia, seca e dura (p. 139); E Fabiano depôs no chão parte da carga, olhou o céu, as mãos em pala na testa. Arrastara-se até ali na incerteza de que aquilo fosse realmente mudança (p. 162).

O olhar, sem dúvida, rege a esfera de ação das personagens. Com ele se chega até o mundo do concreto: um mundo feito de formas visíveis e, por isso mesmo, reconhecível. Parece que para estas personagens o que não é visível não pertence ao âmbito do inteligível:

Fabiano tornou a esfregar as mãos e iniciou uma história bastante confusa, mas como só estavam iluminadas as alpercatas dele, o gesto passou despercebido. O menino mais velho abriu os ouvidos, atento. *Se pudesse ver o rosto do pai, compreenderia talvez uma partè da narração, mas assim no escuro a dificuldade era grande* (p. 103).

Na relação *personagem-ver* se configura um bloco de sentido formando, no decorrer do 'texto, uma espécie de invariável.

A função poética leva o narratário até os signos do narrador. No primeiro capítulo, os juazeiros aparecem, no começo, como *duas manchas verdes.* No final, os juazeiros são *sombra.* A distância entre esses dois vocábulos acomoda um espaço literário em que se instalam, de um lado, os efeitos expressivos do ato de nomear e, de outro, a representação direta da' perspectiva resultante de um ato de ver. *Duas manchas verdes,* enquanto efeito de uma denominação em que se ocultam total ou parcialmente os valores referenciais dos elementos nomeados, representam um núcleo do plano expressivo de um sistema de conotação. Criou-se, dessa maneira, um objeto semiótico cuja textura é suficientemente densa para impedir que sejam vistos com nitidez os referentes colocados atrás dela. No contexto lingüístico, *duas manchas verdes* se reportam, em primeiro lugar, a um signo que faz parte da contigüidade, configurando, assim, um processo metonímico. Mas o termo *verdes,* num contexto que ultrapassa os limites da frase, além de se opor a *sombra,* substitui os valores de um paradigma cujos conteúdos transcendem as fronteiras do código lingüístico.

O narrador parece deixar nas sutilezas retóricas uma falta de vocação para o requinte, para o barroquismo fácil. As imagens poéticas surgem, com força, quando menos se espera, revestidas de simplicidade, como neste exemplo:

Virou-se, os pedaços de Fabiano sumiram-se (p. 108).

Um levantamento das figuras poéticas propriamente ditas viria provar que a grande maioria das imagens giram em torno dos conteúdos simbólicos da palavra *sombra*: o primeiro episódio do romance, a morte de Baleia, o capítulo dedicado a sinhá Vitória, o conteúdo e o título — "O Mundo Coberto de Penas" — do capítulo dedicado às arribações, o episódio final, quando o narrador prepara o desfecho dizendo:

Com a fresca da madrugada, andaram bastante, em silêncio, quatro sombras no caminho estreito coberto de seixos miúdos... (p. 161).

O mundo visto pelas personagens ganha, quando nomeado pelo narrador, valores relativos a um espaço interior, inteiramente poético e, por isso mesmo, um espaço *noológico*. As cores e os tamanhos dos objetos sensíveis são aproveitados pelo narrador para criar um sistema de símbolos que, muitas vezes, se dilui sutilmente por diversos lugares do texto. Os *seixos miúdos,* do trecho transcrito acima, colocados em relação com o fragmento final do sonho de Baleia —

Acordaria feliz, num mundo cheio de preás. E lamberia as mãos de Fabiano, um Fabiano enorme. As crianças se espojariam com ela, rolariam com ela num pátio enorme, num chiqueiro enorme. O mundo ficaria todo cheio de preás, gordos, enormes (p. 134) —

criam a ruptura poética dos contrastes: *enormes* vs. *miúdos*. Embora *cores* e *tamanhos* deixem a impressão, nas primeiras leituras, de pertencerem a blocos simbólicos diferentes, uma leitura em que se relacionem de maneira mais integral esses blocos trará ao leitor a certeza de que sob esses elementos se esconde uma rede de significações que faz parte de uma mesma constelação simbólica. Há, pois, no simbolismo subjacente a *sombra* um bloco de sentido em que se manifestam valores de um sistema de conotação ou representação segunda. Isto porque a posição do narrador, no que diz respeito às dimensões espaço-temporais do texto, gera, como já ficou dito, lugares onde se produz a ambigüidade através de sutilezas estilísticas alicerçadas no terreno de uma retórica cujos processos de figuração se implicitam. E como as imagens, admitindo os conceitos de Eisenstein, sempre resultam da articulação das representações, talvez o segredo das implicitações figurativas esteja no constante conflito criado pela tensão dialética instituída pelos relacionamentos entre os blocos relativos ao *ver,* de um lado, e os relativos ao *dizer,* de outro, já que entre o *dito* e o *visto* permeia uma distância por onde a re-presentação campeia, em silêncio, à procura de suas persistentes ausências. Porque, sem dúvida, a re-presentação será sempre um estar no lugar deixado por algo que já esteve lá, um estar que desencadeia complicados jogos especulares e, neles, a vista, quando não alcança a ausência da imagem ferrenhamente perseguida, passa a ser um fantasma de que as palavras dizem alguma coisa. Mas, enquanto as palavras nomeiam, a visão poderá transformar o nomeado, por sua vez, na vaga sombra de uma ausência. As implicitações figurativas, em suma, têm origem no fato de que nem sempre, em

Vidas Secas, o *dito* e o *visto* coincidem, isto é, determinam um *mesmo ponto de vista.*

Parece possível, agora, montar uma regra cujo valor operacional permita a formulação de uma proposta de leitura em que não se anule o encanto do jogo. Mesmo assim, essa regra, deve ser válida para o texto como um corpo já que ela, enquanto tal, denuncia algo sistemático da nervura desse corpo. Considerando, em função disso, a oposição entre *narrador-dizer* e *personagens-ver,* teríamos

$$\frac{\text{VER}}{\text{TRANSPARÊNCIA}} \approx \frac{\text{DIZER}}{\text{OPACIDADE}}$$

Aplicando a regra ao campo de ambigüidades, criado pelas tensões dos sentidos representacionais diferentes dos blocos assinalados, o leitor entrará nas quatro linhas de um campo de jogo, de um *gramado semântico* cuidadosamente construído. Um exemplo servirá apenas para pormos, ao lado da linguagem de ficção, a metalinguagem do narratário: *Sinhá Vitória-personagem-vê-sombra* e o leitor capta, no âmbito da transparência, o sentido desse conjunto. Em contraposição, quando o *sujeito-narrador-diz-sombra,* o leitor não deve limitar o significado deste conjunto aos valores já definidos no conjunto anterior, deve jogar com a suspeita de que, no âmbito da opacidade, *sombra* talvez seja um núcleo de plurivalências significativas. Nesse caso, teríamos:

sombra-ver está para o significado "sombra", assim como *sombra-dizer* está para "X".

Se, logo no primeiro capítulo, atribuirmos à *sombra vista* por Sinhá Vitória alguns dos valores que se insinuam na *sombra dita* pelo narrador, nosso contacto com o corpo discursivo do romance poderá impregnar-se de imprevisíveis elos significativos: a *sombra dita* cria um campo semântico em que se configura a ausência de um sol que mata, de um sol calcinante que deixou na geografia da pele de Sinhá Vitória — de Fabiano, dos meninos e da cachorra Baleia — o desamparo fatal de uma carência de teto; enquanto que a *sombra vista* — tocada e sentida por Sinhá Vitória — tem por teto a generosidade inconseqüente de um juazeiro. Fica a suspeita, nesse quadro, de que, do ponto de vista do narrador, a sombra engole as personagens e deixa, na memória do tempo, as marcas de uma ausência definitiva, como definitiva foi a ausência do papagaio e como definitiva será, mais tarde, a sombra sob a qual Baleia terá seu último sonho. É possível, por conseguinte, extrair desse bloco de sentido, um micro-relato cuja forma sintetizada poderia ser esta:

Sinhá Vitória acomodou os filhos, que arriaram como trouxas, cobriu-os com molambos. O menino mais velho, passada a vertigem que o derrubara, encolhido sobre folhas secas, a cabeça encostada a uma raiz, distinguia vagamente um monte próximo, algumas pedras, um carro de bois. A cachorra Baleia foi enroscar-se junto dele.

E, em termos metalingüísticos, essa passagem poderia ser reduzida a uma seqüência narrativa do tipo

Sinhá Vitória acomodou as crianças na sombra de um juazeiro.

As características dessa seqüência, considerando as particularidades da passagem transcrita, são, basicamente, as seguintes: 1) ao nível da ação, o sujeito é Sinhá Vitória; 2) ao nível da narração, o sujeito é um narrador que não pertence à esfera da ação das personagens; 3) *sombra* representa um papel actancial, isto é, funciona como uma personagem coadjuvante da ação de Sinhá Vitória; 4) tendo em vista, porém, as seqüências narrativas posteriores ao trecho transcrito, *sombra* passa a ser uma personagem que, além de proteger o sono dos meninos, serve de suporte ao sonho de Fabiano — sonho em que a caatinga ressuscitaria, os meninos gordos e vermelhos brincariam no chiqueiro das cabras, a caatinga ficaria toda verde, Sinhá Vitória vestiria saias de ramagens vistosas, chocalhos tilintariam pelos arredores...

Ocorre que *sombra,* enquanto personagem coadjuvante de Sinhá Vitória, possui um significado que se manifesta nesse contexto de maneira clara, sem ambigüidade: sentir a sombra como proteção, depois da caminhada sob o sol calcinante, não só se impõe como uma conclusão lógica, mas também como efeito normal de uma causa produzida por um fenômeno natural. Em contraposição, *sombra,* como suporte do sonho, toma as características de uma personagem cujo sentido não é tão claro: passa a ser a personagem que auxilia na visão de uma miragem, que o tempo real se encarregará de destruir. É suficiente ler com atenção algumas passagens de outros capítulos para se convencer que o valor positivo atribuído inicialmente à *sombra* é meramente aparencial, pois em todos os outros contextos ela tem um valor negativo. Vejamos:

— No capítulo "Inverno", a sombra se apresenta como uma personagem capaz de destruir a verossimilhança de uma configuração criada pelo arranjo de formas visíveis: "O menino mais velho estava descontente. Não podendo perceber as feições do pai (lembre-se que o narrador já tinha informado que o "círculo de luz aumentou, agora as figuras surgiam na sombra, vermelhas.

Fabiano, visível da barriga para baixo, ia-se tornando indistinto daí para cima, era um negrume que vagos clarões cortavam. Desse negrume saiu novamente a parolagem mastigada"), cerrava os olhos para entendê-lo bem. Mas surgira uma dúvida. Fabiano modificara a história — e isto reduzia-lhe a verossimilhança. Um desencanto. Estirou-se e bocejou. Teria sido melhor a repetição das palavras. Altercaria com o irmão procurando interpretá-las. Brigaria por causa das palavras..."

— No final do capítulo "Baleia", a cachorra, envolvida na sombra da morte, ("...certamente Sinhá Vitória tinha deixado o fogo apagar-se muito cedo"), tem um sonho possível no universo do onírico e impossível nas dimensões de um mundo "real": "Baleia queria dormir. Acordaria feliz, num mundo cheio de preás. E lamberia as mãos de Fabiano, um Fabiano enorme. As crianças se espojariam com ela, rolariam com ela num pátio enorme, num chiqueiro enorme. O mundo ficaria todo cheio de preás, gordos, enormes".

— No capítulo "O Mundo Coberto de Penas", as arribações formam uma sombra imensa que faz com que o casal, "agoniado", sonhasse desgraças. Sobre essa sombra Sinhá Vitória monta uma metáfora que Fabiano, depois de ter achado "a coisa obscura", decifra quando *vê* as arribações sobre a poça de água.

— No capítulo "Fuga", a sombra é a escuridão mortal do vazio, como se poderá observar nesta passagem: "Atravessaram o pátio, deixaram na escuridão o chiqueiro e o curral, vazios, de porteiras abertas, o carro de bois que apodrecia, os juazeiros".

Podemos, pois, afirmar que a manifestação dos elementos do paradigma *sombra* projeta no espaço do texto literário um lugar ambíguo. Ou pelo menos um lugar semiótico em que as dimensões semânticas se apresentam, ao narratário, de maneira difusa. Tal característica torna o processo de efabulação, em *Vidas Secas,* mais complexo do que à primeira vista se poderia imaginar, já que entre narrador e narratário se estabelece uma relação pautada na ambigüidade.

Greimas, em sua *Semântica Estrutural,* distingue, com base nos exemplos

uma sacola pesada
uma consciência pesada,

duas dimensões fundamentais da manifestação do sentido: uma que provém da categoria do *exteroceptivo* — traços de sentido construídos segundo as propriedades exteriores do mundo percebido — e outra que deriva do *interoceptivo* — traços de sentido elaborados a partir das idéias interiores que o homem usa para modelar o mundo que o circunda. No exemplo *uma sacola pesada* se atualiza uma dimensão fundamentada no exteroceptivo, uma dimensão cosmológica, no dizer do conhecido semanticista; já em *uma consciência pesada* a dimensão que se manifesta é noológica, fundamentada na interoceptividade. Essas duas dimensões se projetam no discurso configurando dois tipos de manifestação: *a prática e a mítica.* Em razão disso, podemos distinguir uma efabulação prática de uma efabulação mítica, o que nos permite encarar a seqüência narrativa *Sinha Vitória acomodou as crianças na sombra de um juazeiro* de dois pontos de vista: o prático e o mítico.

Na fábula prática da seqüência narrativa isolada, o sujeito da ação, como já dissemos, é Sinhá Vitória e o sujeito da narração é um narrador em terceira pessoa, que procura manter-se distante das personagens. Sombra, na condição de coadjuvante de Sinhá Vitória, assume, desse ponto de vista, um valor positivo, valor esse que na fábula mítica se transforma, acarretando uma sutil mudança do foco narrativo, já que neste tipo de fábula, o narrador, enquanto destinador das qualidades míticas atribuídas à sombra, passa a integrar, como destinador, a esfera das personagens míticas. Se, considerando a regra apontada, o leitor ou narratário atribui à *sombra-dita* o valor mítico de *morte,* a fábula prática vivida pelas personagens se reveste de inesperadas significações, já que, além dos conflitos referenciais que ela expressa — a vida de uns camponeses desamparados física e socialmente —, ela adquire significados provenientes de um conflito motivado pela interferência sutil de uma fábula mítica que mina seus significados cosmológicos, abalando, conseqüentemente, a verossimilhança da sua representação. Dessa perspectiva, o narratário *vê* Sinhá Vitória acomodando as crianças na proteção da sombra de um juazeiro e *escuta* ou *entende,* em seu relacionamento com o *dizer* do narrador mítico, que Sinhá Vitória acomoda as crianças no *domínio sombrio da morte.* Ao seguir esse itinerário, o narratário parece resolver os problemas de significação seguindo um caminho inverso ao seguido por Fabiano quando decodifica a metáfora criada por Sinhá Vitória ao dizer que as arribações matariam o gado: Fabiano vai da dimensão mítica à cosmológica, o narratário vai da dimensão cosmológica à mítica. E isso porque, na ordem do discurso narrativo, o narrador apresenta sem ambigüidade a visão aparencial das circunstâncias e, em seguida, camuflando-se em personagem mítica, destrói esse mundo de mentiras, silêncios e cumplicidades que se oculta nas circunstâncias *visíveis* de boa parte da América Latina. Compreende-se, assim, o poder de ruptura que se encerra no poético e a poesia violenta de uma das imagens finais de *Vidas Secas:*

O vaqueiro ensombrava-se com a idéia de que se dirigia a terras onde talvez não houvesse gado para tratar.

3. MIGUEL ANGEL ASTURIAS

Yo creo que Asturias es uno de los grandes renovadores de la novela hispanoamericana; para mí ha habido dos grandes renovadores: Borges y Asturias, por extraña que aparezca esta aproximación. Asturias deja de tratar al indio, a lo que se llama el hombre telúrico (horrenda expresión), de manera documental, para penetrar la raíz mágica, la raíz mítica, a través del lenguaje que hablan estos seres.

CARLOS FUENTES

Une langue naturelle permet non seulement de parler du monde et des hommes, elle rend possible, en même temps, la constitution, dans son sein et avec des matériaux qui sont les siens, de discours spécifiques, dotés d'une certaine autonomie. Elle apparaît dès lors comme un lieu référentiel relativement distancié, auquel se trouvent renvoyées les significations particulières produits par des discours de second degré...

A. J. GREIMAS

O conhecido escritor mexicano Carlos Fuentes considera a obra de Thomas Mann como

a culminância do romance burguês europeu, no sentido de que ele é o último grande romancista que pode convocar, licitamente, as categorias de sua cultura como categorias universais (1972, p. 22).

Mas o universalismo de Mann, segundo o mesmo crítico, é fruto das categorias representativas do mito de centralização da cultura européia, algo que difere do processo de descentralização levado a efeito pelo romance moderno da América Latina, em seu contínuo esforço de renovação mítica, numa tentativa de combinar de modo original as diferentes peças do discurso. Desse ângulo, Carlos Fuentes visa vislumbrar o ponto da diacronia em que se instala o princípio gerador das manifestações mais originais da ficção latino-americana de nossos dias. O achado, ao que tudo indica, seria o seguinte:

> Radical diante do seu próprio passado, o novo escritor latino-americano inicia a revisão a partir de uma evidência: a falta de uma linguagem. A velha obrigação da denúncia se converte numa elaboração muito mais árdua: a elaboração crítica de tudo quanto foi dito em nossa longa história de mentiras, silêncios, retóricas e cumplicidades acadêmicas. Inventar uma linguagem é dizer o que a história tem calado. Continente de textos sagrados, Latino-América sente a urgência de uma profanação que seja capaz de dar a palavra a quatro séculos de linguagem seqüestrada, marginal, desconhecida (1972, p. 30).

Sem dúvida essa profanação invade as páginas mais exemplares da obra de Cortázar e traz até a superfície de *La Región más Transparente,* do próprio Carlos Fuentes, os textos mais sagrados, espaços culturais onde novas formas do conteúdo manifestam uma força de inspiração de que careciam os escritores do chamado Modernismo hispano-americano, como, já em 1927, acertadamente denunciava César Vallejo (1966, p. 33).

A mensagem da moderna ficção latino-americana representa, em suma, uma revolução, um autêntico ato de linguagem em que, por meio de novas modalidades referenciais, os escritores mostram a sua reação diante dos fenômenos de corrupção semiótica com que se desvirtuavam os mitos originários. Por isso, na América Latina, como em nenhuma outra parte, continua Carlos Fuentes,

todo escritor autêntico coloca em crise as certezas complacentes porque mexe na raiz de algo que é anterior a elas: uma linguagem intocada, incriada. A linguagem, com ou sem nossa vontade, nos possui a todos. O escritor, simplesmente, está mais possuído pela linguagem e essa posse extremada obriga a linguagem a se dobrar, sem perder sua unidade, diante de um espelho comunitário e de outro individual. O escritor e a palavra são a intersecção permanente, o cruzamento de quase todos os caminhos da linguagem. Através do escritor e da palavra, a fala se faz discurso e o discurso língua... (1972, p. 94).

Essa modalidade conclusiva com que Carlos Fuentes antecipa o final de seu ensaio circula entre genéricas considerações sobre a linguagem e prolonga, de certa maneira, uma tradição crítica que na América de fala espanhola tem seu maior expoente na figura de Octavio Paz. Mas é conveniente assinalar que, nessa tradição, o pensamento de Carlos Fuentes se monta sobre um eixo em que o emissor de tantos romances importantes se faz destinatário na elaboração de uma prática que, em nenhum momento, esconde a teoria em que se apóia. Em virtude disso e mesmo que seu ensaio seja genérico, os resultados por ele alcançados possuem o mérito, entre outros, de pôr em evidência a preocupação pelos processos de sistematização. Pois, como se pode observar já nos trechos citados, o crítico induz dos dados extraídos de suas leituras e de seus trabalhos de ficcionista, princípios com os quais não é difícil formar conjuntos de oposições que permitam isolar valores sistêmicos. Assim, por exemplo: *centralismo das categorias culturais européias* vs. *descentralização dos valores culturais latino-americanos; particularização das estruturas míticas* vs. *universalização das estruturas míticas; corrupção da linguagem* vs. *autentici-dade da linguagem...*

Tal inventário de oposições, considerando que aponta para alguns dos paradigmas de um virtual sistema literário latino-americano, abre a possibilidade de um trabalho de dedução por meio do qual parece viável chegar até algumas das particularidades postas em prática por romancistas de destaque. Nesse universo, os paradigmas constituem, na verdade, a manipulação de linguagens sociais — ideologias cristalizadas — que poderão ser cuidadosamente conduzidas tendo como finalidade primeira a construção de metalinguagens com valor instrumental. Por essa razão, a discussão das singularidades não se configura, neste momento, como necessária; o que interessa, para os objetivos que se perseguem, é a sistematização metalingüística e a conseqüente organização que ela instaura, já que, neste ponto, o genérico, desde que funcione como hipótese de *verdade,* transforma-se numa abstração sistêmica de cuja solidez dependerão os mecanismos que orientem os exercícios de leitura a ser realizada sobre fragmentos textuais.

Suponha-se, tendo em vista o exposto, que a combinatória descentralização-referencialidades sígnicas pertence a um dos paradigmas indicados. Se se procura uma caracterização, a descentralização pressupõe uma ruptura das barreiras comunicativas impostas pelos privilégios, um rompimento radical com a centralidade instituída e institucionalizada pela referencialidade dominante, fonte, no caso, de *toda verdade* e, por isso, geradora de requintadas modalidades de intransigência. Quando os jesuítas, por exemplo, fizeram do latim e do grego a base fundamental da formação intelectual, punham em prática um tipo de centralização que se prolongaria, por vários séculos, tanto na América quanto na Europa. Entre outras obrigatoriedades, tal medida possuía a de uma referencialidade sígnica de que as classes dominantes alardeavam, pois até a impunham como se ela fosse um fato natural produzido pelas forças divinas. A reação do homem renascentista foi uma tentativa que não serve, ao que tudo indica, para definir de modo apropriado uma ruptura: os artistas do Renascimento, mesmo os de tradição menos cristã, lançaram-se com entusiasmo a uma mitologia centrada nos sistemas greco-romanos e, atuando dessa forma, confinaram o universo de imposições que pensavam estar combatendo. Esse mesmo equívoco é cometido, para ilustrar uma das suas prolongações, pelos escritores indianistas latino-americanos, uma vez que o universo de referência por eles utilizado mantém, no geral, o princípio de servilismo determinado pelo poder centralizador.

A descentralização, vista de outros ângulos, pode ser considerada como abertura em direção a um novo humanismo, a uma espécie de *humanismo terceiro,* como agudamente observa Lévi-Strauss quando declara:

> Mas ainda temos mais: o humanismo clássico não só sofria restrições quanto a seu objeto, mas também quanto aos beneficiários, constituintes da classe privilegiada. Mesmo o humanismo exótico do século XX ficou envolvido pelos interesses industriais e comerciais que lhe serviam de suporte e para os quais ele devia existir. Depois do humanismo aristocrático do Renascimento e do humanismo burguês do século XIX, a etnologia marca a chegada, para este mundo finito em que nosso planeta se transformou, de um humanismo duplamente universal.
>
> Ao procurar sua inspiração no seio das sociedades mais humildes e desprezadas, ela proclama o princípio de que nada do que seja humano deve ser estranho ao homem, e, dessa maneira, funda um humanismo democrático que se opõe aos que o precederam:

criados pelos privilegiados, a partir de civilizações privilegiadas. E mobilizando métodos e técnicas recebidos de todas as ciências, coloca o saber a serviço do conhecimento do homem e luta pela reconciliação do homem com a natureza, instaurando um humanismo generalizado (1973, p. 322).

A reconciliação, como sugere a composição da palavra, efetua-se através dos poderes da linguagem, dos recursos que esta possui para *modelizar* as coisas a que se reporta ou ainda outros sistemas de signos que venham a se interpor entre o homem e o seu meio natural. Nessa operação, a língua, enquanto sistema interpretante, utilizando os termos de Benveniste, desempenha função de alta relevância, já que ela não é unicamente o meio mais universal de representar o mundo, mas também o meio mais poderoso para trabalhar sobre a própria representação. O poder da língua, visto desse ângulo, reduz a tarefa de reconciliação a um sonho, a uma façanha de esperança em que os seres humanos concentrem seus esforços no intuito de manter vivo o mito da sobrevivência e, por essa via, cria-se uma semiose complexa, um *espaço cultural* onde o mais importante, falando em termos de conteúdo, não deve ser a representação das ideologias centralistas ditadas por uma classe privilegiada. No universo dos signos, a luta pela sobrevivência — prolongar a existência da identidade mediante rupturas nascidas da diferença — determina um sistema de semiose opaca de que se valem os artistas mais revolucionários para produzir o texto estético. Sendo este literário, a língua realiza o trabalho de reconciliação ou, melhor, representa a prática de tal trabalho por meio dos mais inesperados mecanismos. Neste ponto, o *humanismo generalizado,* descentralista, apresenta-se, em relação ao humanismo centralizador, com uma ideologia aberta cujas formas do conteúdo unicamente se manifestam na relatividade instituída pela *semiose ilimitada,* ou seja, por esse mecanismo que, segundo Umberto Eco,

...a história e a cultura se fazem, modo exato em que ao se definir o mundo se age sobre ele de modo a transformá-lo (1975, p. 105).

À vista do exposto, parece legítimo afirmar que no primeiro componente da combinatória *descentralização+ referencialidades sígnicas* se encontram os problemas relativos a uma dimensão semântica. Se, em termos semióticos, isso é verdadeiro, será também legítimo aceitar que no segundo componente se concentram os fenômenos atinentes à dimensão significante. Deduz-se disso, por conseguinte, uma função em que se define a relação semiótica básica entre um plano do conteúdo e um plano da expressão, o que equivale a reconhecer, no caso da literatura, que a grande renovação da ficção latino-americana à qual constantemente alude Carlos Fuentes se concretiza nos processos de modelização realizados pelo sistema interpretante, isto é, pelo trabalho que a língua efetua sobre outros sistemas semióticos não-verbais. Se, por um lado, a descentralização projeta no espaço dos romances formas do conteúdo ideologicamente abertas, por outro, as referencialidades sígnicas estabelecem, no mesmo espaço, formas significantes de caráter heterogêneo, ou seja, planos da expressão cujos processos de formalização não são exclusivamente lingüísticos. Nesse sentido, a invenção de uma linguagem pressupõe uma dupla profanação: uma ruptura com as *ideologias fechadas* do centralismo — elaboração crítica de "todo lo dicho en una larga historia de mentiras y silencios" — e uma reformulação dos planos expressivos que se afasta, de modo acentuado, das retóricas e cumplicidades acadêmicas.

Subordinada aos princípios teóricos sobre a arbitrariedade do signo, a combinatória *descentralização+referencialidades sígnicas* assume as propriedades de uma função semiótica cujas generalidades, consideradas do ponto de vista assinalado por Carlos Fuentes, projetam na plataforma de um sistema literário latino-americano os componentes caracterizadores de um estado sincrônico singular e, em virtude disso, demarcam áreas da diacronia onde se localizam os fatores necessários aos impulsos de renovação. Mas como a língua é o sistema em que se ordenam os textos chamados literários, a função entre descentralização e referencialidades sígnicas institui a dinâmica do relacionamento entre membros de dois conjuntos: o da expressão e o do conteúdo. Dessa maneira se define um subcódigo e, conseqüentemente, abre-se a possibilidade de novas combinatórias com as quais se forma um estilo, uma linguagem retórica mais aberta. Como essa linguagem retórica, porém, é modelizada pela língua, ela adquire as propriedades de um subcódigo-típico, isto é, de um subcódigo comum aos romancistas latino-americanos mais relevantes.

Ao que tudo indica, os textos de Asturias, Borges, Rulfo, Cortázar e tantos outros determinam esse subcódigo-típico. Engendra-se, ao produzir-se esse fenômeno, um princípio geral que serve, sem dúvida, para situar todos esses escritores no mesmo espaço cultural. É necessário, contudo, diferenciar territórios nesse espaço e, para tanto, parece conveniente deter-se um pouco nos indícios que os modos de modelar os elementos selecionados do subcódigo-típico propiciam e, com isso, achar os instrumentos para isolar os traços diferenciadores através dos quais seja possível identificar os territórios perseguidos. Isso porque as maneiras de lidar com os elementos integrantes do código ou subcódigo-típico manifestam, no espaço do texto literário propriamente dito, modalidades discursivas que convidam ao contacto, ao jogo, pois nelas se define a corporalidade do texto de um escritor.

Um sistema de conotação, tal qual formulado por Roland Barthes, apresenta-se como a estrutura de que emergem os mecanismos produtores dos discursos segundos ou representações da representação. O modelo *(ERC)RC* — uma linguagem em que o plano da expressão é outra linguagem — permite estudar o funcionamento do tipo de subcódigos assinalados: sobre o plano denotado — *ERC* — recaem, para formar o universo semântico, os valores de significado estocados no subcódigo-típico e sobre o plano da conotação, recaem, por sua vez, os valores de significado relativizados pelo trabalho modelizante que, no caso da literatura, executa a língua ao provocar alterações na linguagem de denotação, pois o subcódigo-ocorrência resulta da capacidade produtiva posta em prática pelo artista no uso que ele venha a fazer do sistema interpretante. Assim, nesta estrofe de Miguel Hernández

> Fuera menos penado, si no fuera
> nardo tu tez para mi vista, nardo,
> cardo tu piel para mi tacto, cardo
> tuera tu voz para mi oído, tuera

o subcódigo-típico se declara expressivamente na rima e semanticamente nos significados que a tradição ocidental fixou para o tema amoroso: um conflito tenso entre um *mim* e um *tu,* pois o corpo do amor poderia ser algo assim como

O espaço da ressonância — em palavras de Barthes — constitui o corpo — esse corpo imaginário, tão 'coerente' (coalescente) que somente posso vivê-lo sob as espécies de uma emoção generalizada. Tal emoção (análoga a um rubor que cora o rosto, de vergonha ou de emoção) é um sobressalto. No sobressalto ordinário — o que precede a performance a ser cumprida —, vejo-me no futuro em estado de choque, de impostura, de escândalo. No sobressalto amoroso, tenho medo da minha própria destruição, dessa destruição que entrevejo bruscamente, certa, bem formada, no resplandor da palavra, da imagem (1977, p. 238).

Nos versos intermediários, identifica-se com relativa facilidade a metáfora barroca do *amor-fogo,* do *arder* diante da *frialdade,* pondo em evidência a tensão do conflito pelo confronto entre as funções emotiva e conativa da mensagem. Esse conteúdo, porém, seria insuficiente, em que pese sua tradição, para demarcar o espaço semântico criado por uma linguagem poética mais autêntica. É necessário que tal conteúdo se relativize, no corpo do poema, através de modelizações que denunciam não só o domínio do poeta sobre a língua, mas também a luta do poeta contra essa mesma língua. Nessa dinâmica, o sistema interpretante interpreta e é interpretado, *modeliza e é modelizado,* criando ocorrências no texto capazes de ressaltar o amplo poder de significação que adquirem no contexto discursivo as combinatórias originais.

Na estrofe de Hernández, o espaço configurado pelos arranjos dos signos verbais não é unicamente fruto de uma obediência às regras sintáticas, é também um lugar semiótico feito segundo o modelo de um quadrado, já que, pela reiteração de traços sonoros, é possível reco-

nhecer quatro pontos dispostos segundo a conformação
dessa figura geométrica

uera .... uera
 .   .
 .   .
 .   .
 .   .
 .   .
uera .... uera

A disposição gráfica dos signos verbais constitui,
salvo engano, um indício claro desse trabalho de modelização realizado pelo emissor da mensagem ao aproveitar
as materialidades do significante lingüístico, plasmando,
dessa maneira, uma escrita que transcende as fronteiras
da linearidade em que se manifestam as transcrições gráficas dos significantes de uma língua. A forma geométrica deixa, na extensão significante da estrofe, uma configuração singular: a espacialidade gramatical, tal como
por exemplo, a define Daniel Laferrière em *Automorphic
Structures in the Poem's Grammatical Space* (1974), or-
ganiza-se de modo a caracterizar-se como uma área confinada, incluída, portanto, no espaço maior que a figura
geométrica institui. Tal construção submete as formas
da expressão verbal a uma *nova forma expressiva* e, por
esse mecanismo, o plano da expressão da linguagem de-
notada ganha uma ocorrencialidade significante cujos for-
matos terão, considerando as relações constitutivas da
semiose, uma forte repercussão no plano do conteúdo.

O significado tipificado pelo código barroco, por
exemplo, recebe inesperadas cargas de sentido provenien-

tes dos mecanismos modelizantes anotados e, em conseqüência disso, esse significado se relativiza dando margem a um processo de significação mais amplo: o conflito entre amada e amante se desenha poeticamente nas oposições projetadas pelos elementos do espaço englobado — o espaço gramatical propriamente dito — e pelos elementos do espaço englobante — o espaço traçado pela figura geométrica. Nesse quadro, o conflito amoroso passa a ser uma espécie de interioridade confinada, um lugar fechado onde as tensões *tu-mim* se intensificam dramaticamente já que o espaço englobante não lhes deixa nenhuma saída. As possibilidades de leitura abertas por esse processo se realizam nos conteúdos de um sistema conotado, pois os efeitos de sentido produzidos pela função modelizante são perceptíveis no universo de significação de um discurso segundo.

O discurso segundo é, nessa perspectiva, uma conseqüência das operações de modelização efetuadas pelo artista ao trabalhar de modo crítico um discurso primeiro, um discurso que, no caso da literatura, foi conseguido pela manipulação dos signos verbais. No que diz respeito à ficção, é necessário, tendo em vista uma leitura metalingüisticamente fundamentada nas dimensões assinaladas — descentralização e referencialidades sígnicas —, dizer que a primeira dessas dimensões constitui um núcleo do conteúdo discursivo envolvido pelos conteúdos tipificados. Assim vista, a descentralização pode ser tomada como uma extensão do plano do conteúdo em torno da qual giram fragmentos ideológicos das tendências mais definidoras de uma escola ou movimento literário. Centrar a leitura unicamente nesses conteúdos seria, no caso, confinar parcelas de sentido nos limites de significações genéricas, projetadas quase que diretamente pelos subcódigos-típicos com os quais trabalham os escritores pertencentes, consciente ou inconscientemente, a uma determinada tendência. No que se refere às produções mais relevantes do moderno romance latino-americano, alguns desses subcódigos são bem conhecidos e várias das suas manifestações já foram cuidadosamente estudadas, principalmente aquelas que dizem respeito aos recursos retóricos e ao uso da função metalingüística, embora grande parte dos estudos mostre estar nos discursos primeiros seu maior centro de interesse. Romances como *El Reino de este Mundo, El Siglo de las Luces, El Señor Presidente, La Muerte de Artemio Cruz, Rayuela, Paradiso* e tantos outros são livros em que a descentralização é claramente exposta no decorrer das suas mensagens. Mas as peculiaridades que o processo assume na obra de Carlos Fuentes, por exemplo, não são as mesmas de que esse fenômeno se reveste na ficção de Miguel Angel Asturias. Isso porque cada romancista trabalha o plano expressivo a sua maneira, fazendo uso singular da referencialidade sígnica para chegar, por essa via, a formas do conteúdo inconfundíveis.

À vista do exposto, parece conveniente aceitar, em termos teóricos, que a *descentralização + singularidades do conteúdo* forma o significado de um sistema conotado, esse espaço semântico do discurso romanesco em que deixam sua marca boa parte das inovações trazidas pela ficção latino-americana de nosso século. E, desse ponto de vista, encarar alguns aspectos desse significado mediante a utilização de um modelo de leitura apresenta-se, também, como uma espécie de portão aberto ao campo do jogo, ou seja, às transformações que sofre o plano da expressão de uma língua ao cair nas malhas do ludismo criador, ou, ainda, às regras que regulamentam a contenda entre representação e representação da representação. As anotações feitas a respeito da estrofe de Miguel Hernández tiveram a finalidade de sugerir indicantes para esse itinerário, pois é através de alguns indicantes que se pretende apontar para áreas de contacto no corpo de ficção de Miguel Angel Asturias.

No geral, as leituras propostas pelos principais estudos sobre a obra do romancista guatemalteco giram em torno dos fenômenos de descentralização e trazem, quase sempre, ao palco da evidência o tópico do compromisso político. Até 1969, a maioria dos trabalhos mostra essa linha de preocupação em posições críticas de que já fizemos uma síntese em nosso ensaio *La Ficción de Miguel Angel Asturias* (1969). Tem-se reconhecido, no entanto, na linguagem romanesca deste autor traços que seriam elementos precursores das principais inovações que, no campo da ficção, trouxe o romance latino-americano nos últimos vinte anos. Ariel Dorfman dá continuidade a essas idéias quando afirma:

> Embora suas origens se percam em remotas regiões e suas coordenadas sócio-culturais ainda sejam discutíveis, o atual romance hispano-americano tem uma data de nascimento bastante precisa: o ano de 1949, quando aparecem *El Reino de este Mundo,* de Alejo Carpentier, e *Hombres de Maíz,* de Miguel Angel Asturias. A esta última obra, vertente e vértebra de tudo quanto se escreve hoje em nosso continente, coube-lhe um estranho destino, como a tanta obra que abre uma época e clausura o passado (1972, p. 71).

Ocorre, porém, que o estranho destino a que se refere o crítico citado resultou das leituras moldadas nos modelos do compromisso político e, nesse quadro, como reconhece o próprio Dorfman, *Hombres de Maíz* é um romance que não se deixa classificar, pois em seu espaço poético se manifestam conteúdos que não cabem nos limites das linguagens sociais com que os críticos do compromisso político abordam obras como *El Papa Verde* ou *El Señor Presidente.* Por isso, *Hombres de Maíz* parece não ter sido um romance conveniente às normas desse tipo de leitura e, conseqüentemente, acabou por merecer apenas alguma que outra pincelada genérica, como esta de Luís Harss:

> *Hombres de Maíz* é uma obra turbulenta, anárquica, desenleada, uma obra em que os esqueletos dançam e as caveiras riem (1966, p. 110).

Essas considerações genéricas com que a crítica premiou *Hombres de Maíz* vão sendo desmanchadas, nestes últimos anos, por estudos que propõem leituras centradas no plano simbólico, como é o caso dos trabalhos de Eladia León Hill — *Miguel Angel Asturias — Lo Ancestral en su Obra Literaria* (1972) — e de Alicia Chibán — *El Símbolo y Hombres de Maíz* (1975). O processo da descentralização passa a ser visto de ângulos em que o compromisso político não constitui o único fator ideológico capaz de explicar a obra. Entram em jogo componentes de ideologias diversas e as leituras se montam a partir de mecanismos de um universo semântico mais amplo. Pode-se dizer que a obra de Miguel Angel Asturias, antes quase reduzida a *El Señor Presidente,* assume na trajetória da literatura latino-americana valores que a crítica impressionista não teve condições de captar. Mas, mesmo assim, o plano da expressão dos romances de Asturias continua sendo considerado como uma linguagem homogênea em que apenas os signos verbais seriam os responsáveis pelas opacidades poéticas do texto. Os conteúdos simbólicos, vale dizer os significados do sistema de conotação, continuam sendo lidos como manifestações dos códigos tipificados pelas ideologias da mitologia indigenista e, em razão disso, não se deu ainda muita atenção ao papel que os códigos ocorrenciais desempenham no ludismo poético das criações mais relevantes deste romancista.

O indigenismo, até chegar à expressão semiótica capaz de configurar as referencialidades sígnicas de maneira autenticamente revolucionária, padeceu do entusiasmo gerado pelas ingenuidades realistas. A fábula de motivos indígenas em que autores como García Calderón, por exemplo, deleitavam os leitores, segundo Vargas Llosa,

...relatando os costumes de personagens de grandes pômulos cor de cobre e lábios tumefactos que, nas alturas andinas, fornicavam com lhamas brancas e uns comiam os piolhos dos outros (1969, p. 30),

criou uma linha de tradição "costumbrista" que não conseguiu realizar reformas expressivas de destaque. Quando muito, temperar a representação do espanhol falado pelos índios com termos regionalistas ou com alterações fonéticas que pretendiam ser a expressão de uma ilusória sensação de autenticidade. Dessa maneira, as modelizações restringiam seu objeto ao espaço das unidades morfológicas, respeitando, conseqüentemente, as extensões significantes claramente confinadas pelos subcódigos-tipificados da língua. Não se percebia, então, que o espaço morfológico poderia ser a condensação de um espaço sintático e, talvez por isso, as primeiras tentativas feitas pelos escritores que, como José María Arguedas, procuravam novos meios de expressão, foram mal interpretadas:

Resolvi o problema criando-lhes uma linguagem castelhana especial, que mais tarde tem sido usada com horrível exagero em trabalhos alheios (1968, p. 17).

O importante não era camuflar a lógica da sintaxe tradicional pelo uso de termos morfológicos aparentemente novos; o importante era criar procedimentos formais cuja concatenação, nas combinatórias do plano expressivo da ficção, desse origem a um espaço significante onde a organização não fosse regulada unicamente pela lógica da língua espanhola. Para transcender as fronteiras do costumbrismo, seria necessário superar tal lógica.

Como afirma Mario Vargas Llosa

...o primeiro escritor que nos introduz no seio da cultura indígena — refere-se a José María Arguedas — e nos revela a riqueza e a complexidade anímica do índio, de maneira viva e direta como somente a literatura é capaz de fazer. Seria demorado e inútil (não se trata aqui de analisar estilisticamente a obra de Arguedas, mas somente de assinalar sua posição no processo literário peruano) descrever os procedimentos formais empregados por Arguedas. Apontemos, no entanto, um: a ruptura sistêmica da sintaxe tradicional, que possibilita uma organização das palavras na frase não de acordo com a ordem lógica, mas sim de acordo com uma ordem emocional e intuitiva. Os índios de Arguedas, quando falam, expressam, antes de mais nada, sensações e delas derivam os conceitos (1969, p. 41).

Mas, na literatura hispano-americana, a representação mais profunda do indigenismo talvez venha da obra de Miguel Angel Asturias, escritor que, sem se propor exatamente uma reformulação da língua espanhola, soube. construir procedimentos formais para expressar de modo original o complexo mundo da mitologia indígena. O objetivo de Asturias parece ter sido o de plasmar um espaço significante através do aproveitamento das propriedades plásticas da escrita indígena.

Desde seus anos parisienses, quando estudou com George Raynaud os ritos e as religiões maias, Asturias se dedicou ao difícil exercício de penetrar nos mistérios da escrita indígena. Na edição brasileira de *El Correo,* n.º 2, o romancista se refere à escrita dos índios desta maneira:

Os índios mexicanos, maias e peruanos descobriram e cultivaram diferentes formas de transmissão da sua cultura e do seu *ethos.* Algumas ainda surpreendem por sua beleza plástica e sua engenhosidade esotérica, mas todas são testemunhas de uma preocupação fundamental, e até obsessiva, de preservar e transmitir, mediante formas originais de escrita, o sentido e a significação profundos e verdadeiros do homem e do universo (1973, p. 27).

Esse universo de linguagens fragmentárias, de lendas descentralizadas pelo tempo, se transforma em tema vital e literário. Em *Leyendas de Guatemala, El Señor Presidente, Hombres de Maíz, El Espejo de Lida Sal* e contos como *Torotumbo,* de *Week-end en Guatemala,* Miguel Angel Asturias mistura universos semânticos: mitos gregos sobre o amor e a morte, lendas do *Popol-Vuh,* superstições populares, fanatismos veiculados opressivamente pelas linguagens sociais dominantes... Em suma, a mitomania em que se cruzam os mais diversos significados, numa confluência de sentidos em que se constituem os núcleos da descentralização. Mas o escritor, em sua constante luta por expressar os conteúdos desses subterrâneos, parece não conformar-se com as propriedades meramente verbais do signo lingüístico e então procura tirar dessas propriedades elementos que lhe sirvam para expressar os valores plásticos, a beleza significante em que se deve plasmar a representação de um mundo esotérico que tem de ser recuperado.

Várias passagens do episódio *María Tecún,* de *Hombres de Maíz,* deixam a impressão de terem sido montadas sobre a transformação do mito em história pessoal, no amor de Goyo Yic, indivíduo que se desdobra para submeter-se à dialética imposta pela oposição entre *ausência* e *presença*. Para a cegueira de Goyo Yic, María Tecún é uma *presença ouvida,* pois lhe falta o peso concreto do visível. Mas com o tempo, os olhos de Goyo Yic recuperam a capacidade de retratar o mundo e, então, o retrato da amada passa a ser a fotografia dolorosa de uma *ausência vista.* Nessa dialética, o plano do conteúdo constituído pela concatenação das mensagens semânticas determina um complexo de significação que Eladia León Hill, apoiando-se nas histórias recolhidas pelo padre Ximénez em Santo Tomás Chuilá e no pensamento de Lucien Lévy-Bruhl, trata de explicar colocando-as nos paradigmas da psicologia de Jung e nos simbolismos esotéricos do *Popol-Vuh* (1972, pp. 115/136). Para Alicia Chibán, a cegueira de Goyo Yic se define basicamente

em sua conotação de sabedoria, não no sentido que o termo possui na tradição da Índia, onde, por exemplo, a liberação equivale ao estado de estar acordado ou à consideração de Buda como 'o grande acordado', mas sim no sentido da leitura que Paul Ricoeur propõe para a cegueira de Édipo, reforçada pela de Timésias: "...não possui olhos carnais, possui apenas os do espírito e os da inteligência: sabe. Será necessário, portanto, que Édipo, que vê, se torne cego para chegar à verdade. Nesse momento se transformará no vidente-cego e quando Édipo se arranque os olhos teremos chegado ao último ato". Em Goyo Yic o processo é inverso; enquanto é cego tem a imagem de María Tecún, conhece-a, enxerga-a; mas quando recupera a vista, pelos sentidos corporais, perde a imagem, não a encontra. Segundo uma tradição guatemalteca, o cego, o namorado, é o único que pode ver a flor do amate, porque o amate não tem flor visível, guarda-a dentro escondida no fruto (1975, p. 117).

As duas interpretações apontam, tanto no que coincidem quanto no que diferem, para um campo aberto de significações descentralizadas. As duas autoras admitem que os significados conotados da obra de Asturias determinam uma ideologia mítica em que se integram sentidos de diversas procedências. Mas nenhuma delas explora a opacidade do significante romanesco, pois o que parece interessar-lhes se configura nos limites dos códigos tipificados.

Sem entrar em discussões sobre o plano do conteúdo instituído por essas modalidades de leitura, interessa agora isolar mecanismos relativos ao plano da expressão, principalmente no que diz respeito à referencialidade sígnica, já que um modelo de leitura semiótica pode sugerir outros valores semânticos advindos de outros lugares do texto; outras maneiras de contacto que, de certo modo, poderão dar margem ao achado de outros valores com que complementar as vivências de uma semântica descentralizada. Com esse intuito, o modelo de leitura que aqui se propõe se fundamenta numa das dimensões da oposição já assinalada, isto é, na dimensão da *referencialidade sígnica,* uma vez que esta se projeta no espaço do texto literário através de mecanismos em que se definem modalidades da representação da representação manipulada por Miguel Angel Asturias.

É sugestiva a seguinte passagem de *Hombres de Maíz:*

En la cumbre el hombre adquiría todo su significado trágico. La "T" de Tecún, erguida, alta, entre dos abismos cortados, nunca tan profundos como el barranco de la "U", al final (1955, p. 797).

O sujeito narrador deixa explícito que, além do aproveitamento das propriedades fonológicas do signo verbal, é necessário aproveitar também as propriedades gráficas desses signos. Assim, em termos metalingüísticos, o termo *tecún,* entendido fonologicamente, apresenta uma configuração normal, embora a sua combinatória fonemática não seja muito comum em espanhol. Em todo caso, o vocábulo encarna um substantivo que, aparentemente, não supera as propriedades que caracterizam um nome próprio. As *tecunas,* segundo a lenda, são mulheres que fogem e se transformam em montanhas. O motivo foi diretamente utilizado por Asturias, como se pode observar nesta passagem:

> Cruzaba lo más alto de la cumbre, frente a la piedra de María Tecún, enraizada en el vértigo del precipicio a cuya orilla no se acercaba nadie, donde las nubes caían podadas por la mano invisible del misterio (1955, p. 797).

Convém, no entanto, analisar as relações de semiose que o termo possui na língua e no contexto da ficção, pois nele se confundem duas modalidades de representação semiótica: fonologicamente, a relação é arbitrária; graficamente, a relação, em contrapartida, deixa de ser arbitrária. O narrador destaca as características plásticas do T e do U: a primeira letra parece que concentra seus traços distintivos na parte superior, como a insinuar, pela mão do artista, o topo da montanha; a segunda letra pode, muito bem, funcionar como a representação icônica de um vale, como quer o narrador. Esse aproveitamento dos fatores gráficos para representar iconicamente referentes do mundo físico já foi observado por Giuseppe Bellini:

> O mesmo procedimento é usado por Asturias para expressar a situação de angústia que se manifesta no grito do cego Goyo Yic, em *María Tecún,* quando chama desesperadamente

a mulher fugida. O signo gráfico assume nesta passagem um valor expressivo de particular efeito, acentuado pelo comentário do próprio escritor (1966, p. 78).

Esse iconismo, porém, esconde modalidades de representação em que as referencialidades sígnicas desempenham um papel fundamental, ao qual não se refere Bellini nem mesmo Paul Alexandru Georgescu em um livro tão importante como sua *Arta Narativa a lui Miguel Angel Asturias,* publicado pela Editura Didactica, em Bucàrest, 1971.

Assim como os nomes das personagens — Goyo e Tecún — podem ser reduzidos a um YO (amante) e a um TÚ (amada), anafóricos inevitáveis em qualquer conflito amoroso, os traços gráficos em que se organiza a expressão lingüística, por mecanismo de certo modo semelhante, podem ter sido ordenados pelo narrador tendo em vista sugerir ao narratário a presença de uma escrita ideográfica. Nesse caso, os traços gráficos seriam aproveitados para realizar, em termos metalingüísticos, o que chamamos de função modelizante, pois, nessa representação, eles assumiriam o papel de indicadores de configurações sígnicas não-verbais, ou em outras palavras, eles seriam os *indicantes dos ideogramas propriamente ditos.* Segundo essa hipótese, poderia ser construído um esquema de leitura nestes moldes:

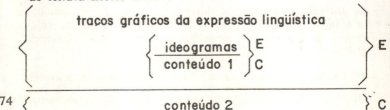

O esquema faz pensar na fórmula (ERC)RC com que na teoria semiótica se representa os sistemas conotados. Mas levando em conta o exposto, parece mais legítimo considerar que o processo, no texto de Miguel Angel Asturias, determina um subcódigo-ocorrência cuja fórmula viria a ser

$$(ERC)RC \longrightarrow RC$$

Mesmo que, no caso de *María Tecún,* a configuração ideogramática seja, na verdade, um simulacro, uma vez que os traços gráficos da escrita lingüística não se referem, ao que consta, a nenhum ideograma pertencente a um sistema sígnico não-verbal, ela sugere um mecanismo de representação que não se deve menosprezar: *ela rompe a homogeneidade do plano expressivo constituído pelos signos lingüísticos, e, em decorrência, instaura modalidades expressivas heterogêneas, isto é, modalidades expressivas formadas por combinatórias em que se integram signos de sistemas semióticos diferentes.* Vejamos esse mecanismo partindo da reiteração das vogais no seguinte fragmento:

— No siás ruin, María TecúúúÚÚÚn! No te escondás, es con vós, María TecúúúÚÚÚn. Qué se sacan de eso, muchááááÁÁÁ. Mucha-óóóóÓÓ! Mucha-mis-híííÍÍÍjos...! Se lo van a pagar a Dios, jodidos. Estoy harto de gritar, María, María Tecún, MaríííÍÍÍ Tecún ... mis-híÍII... mis-híÍII...! El grito se le volvió llanto corrido. Y después de moquear un rato, y de estarse callado otro gran rato, siguió despeñando sus gritos:

— Parecen piedras que no-OOOyen! Sin mi licencia se juéééÉÉÉron! María Tecún, si te juiste con otro juida, devolveme a los muchachííííÍÍÍtos! Los muchachitos son mííííÍÍÍos (1955, p. 657).

O ritmo da repetição funciona como um indicante cuja finalidade parece ser a de mostrar que a reiteração não é gratuita. As vogais se repetem, quase sempre, três vezes, impondo ao grito a ordenação sistemática de uma representação, uma representação que não se explica, nos termos de Bellini, como sendo apenas a representação dos contrastes intensivos da voz e do eco. Nessa interpretação, o sistematismo da repetição funcionaria como algo inconveniente já que o grito não é um canto, é o ruído pesado do desespero. A sistematização das repetições vocálicas indica a representação do número *três*. Em *Canto, Danza y Música Precortesianos,* Manuel Martí afirma que, pela associação com o *tenamaztli* asteca ou *K'oben* maia (às três pedras sobre o chão que funcionavam como fogão), o número três era o número sagrado da mulher. Admitindo que essa referencialidade sígnica se manifesta nas reiterações, estas não podem significar unicamente o desespero de Goyo Yic, como quer Bellini, pois elas são também a representação, mediante traços gráficos, de um signo plástico que não pertence ao sistema da língua espanhola. De modo que, adaptando esse processo ao princípio do esquema, teríamos

$$E \begin{cases} \text{sintagmas de unidades gráficas lingüísticas} \\ E \begin{cases} \text{vogais repetidas três vezes} \\ \hline \text{sagrado feminino} \end{cases} \\ \\ C \end{cases}$$

$$C \left\{ \quad \text{universo semântico da solidão} \right.$$

A funcionalidade de tal procedimento tira a língua espanhola do centro de suas tradições estilísticas, instituindo, por conseguinte, uma ruptura cuja repercussão, no plano do conteúdo das mensagens do romance, configura uma espécie de fecundação semântica dos possíveis conteúdos simbólicos a que aludem, por exemplo, Eladia León Hill e Alicia Chibán. O plano do conteúdo, o significado que veicula a solidão de uma personagem — solidão por ter perdido a companheira e solidão por ter perdido o contacto com um mundo mítico envolvente — passa a enriquecer-se desde que à decodificação simbólica se some esta outra decodificação de signos maias representados pelo romancista por meio de recursos gráficos tirados da escrita verbal.   Esse processo de representação encontra indicantes mais exatos ainda quando o narrador utiliza a referencialidade sígnica do hieroglífico dos cinco rumos cósmicos ou ideograma cósmico, em suas numerosas variáveis, como se observa nestas versões:

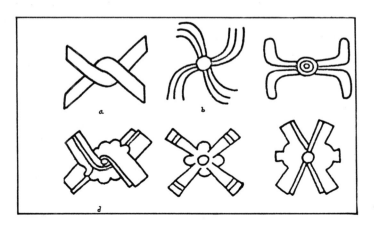

Esses signos, em suas diferentes modalidades formais, sugerem sempre o quadrado, essa figura geométrica com que se simboliza a representação do mundo no *Popol-Vuh:*

> Tendo sido traçadas as linhas e paralelas do céu e da terra, deu-se fim perfeito a tudo, dividindo tudo em paralelos e climas. Tudo, nessa ordem, ficou quadrado, repartido em quatro partes como se tivesse sido medido com uma corda, formando quatro esquinas e quatro lados (1972, p. 1).

A forma quadrangular do ideograma adquire, na escrita dos maias e dos astecas, valores paradigmáticos, pois, embora a figura seja sugerida por quatro pontos ou pela disposição dos quatro cântaros sobre a mesa sacerdotal, como se poderá ver nas fotos com que Rafael Girard ilustra seu livro (1966), o espaço ideoramático propriamente dito é sempre englobante, protetor exato de um centro. Freqüentemente o ideograma aparece em representações mais complexas como, por exemplo, nos calendários. Em todo caso, a configuração espacial deste signo, na ainda enigmática escrita dos maias e dos astecas, é a formação de um espaço semiótico em que se ordenam todos os princípios simbólicos que dão sentido ao mundo, à vida e à morte. As explicações de Seler (1963) deixam entrever traços desse complexo mundo semântico que se expressa numa extraordinária beleza plástica, principalmente nas Lâminas 72 e 73, respectivamente *Las Cuatro Serpientes Emplumadas* e *El Dios de la Vida y el Dios de la Muerte en la Región Superior o Celeste,* do *Códice Borgia* que, no dizer do próprio Seler, constitui "sin duda la más extraordinaria de todas las pictografías aún conservadas del México antiguo..." (1963, p. 7).

Na escrita dos maias e dos astecas tudo é plasticamente representado. Um caminho é sugerido metonimicamente pelas marcas e os indícios de uma direção. Sabe-se quando as personagens de um desenho falam: as *palavras* são pintadas flutuando no espaço, como algo palpável que prolonga o ser invisível das pessoas. Há muitas teorias sobre a escrita maia e alguns levantaram até a hipótese de uma espécie de alfabeto, mas não é nossa intenção dar nestas páginas informações precisas sobre o assunto; queremos apenas colocar o leitor em contacto com essa referencialidade sígnica ou, melhor ainda, com algumas formas dessa referencialidade sígnica para que possa identificá-las nas representações do texto literário de Asturias. Com esse intuito, transcrevemos mais esta ilustração (ver p. 80).

São freqüentes, na ficção de Miguel Angel Asturias, as referências ao ideograma. Para se ter uma idéia citamos algumas passagens de diferentes contos do livro *El Espejo de Lida Sal:*

> Ni que decir, por supuesto, lo que gastan los ojos en ver tanta tierra sobreplana. Por los cuatro cantos de la distancia se va la vista hasta el horizonte.

> Sólo que allí empezaron unas como visiones extrañas, La lluvia había dejado el aire cuadriculado.
> ...entrar al servicio de la Diosa de las Palomas de la Ausencia, la sagrada Ixmucané, dejaría este encaminar y encaminar desaparecidos hasta la encrucijada de los cuatro caminos, donde los dejó, después de señalarles el buen sendero...

> ...dame las cuatro memorias del sueño del hombre despierto.

Outras vezes, as referências não são tão explícitas, são feitas através de sugestões cromáticas, como neste fragmento:

> ...usoabusando del amarillo-maíz en sus himnos religiosos, del rojo sangre en sus canciones guerreras, del verde-tierra y del azul-cielo en sus cantares amorosos...

Ou mediante a reiteração de uma palavra, como neste caso:

> Barrancos cubiertos de flores. Barrancos llenos de pájaros. Barrancos ahogados en lagos. Barrancos.

No espaço sintático formado pelos signos verbais podem ser identificadas unidades sintagmáticas cuja função, além dos seus papéis gramaticais, é, ao que tudo indica, a de desenhar, se se pode dizer assim, a configuração espacial do ideograma cósmico. Neste fragmento de *Torotumbo,* os sintagmas grifados funcionam como os indicantes dos quatro lados do ideograma:

> *Ni los rumiantes ecos del retumbo,* frente a volcanes de crestería azafranada, *ni el chasquido de la honda del huracán,* señor del ímpetu, con las venas de fuera como todos los cazadores de águilas, *ni el consentirse de las rocas,* preñadas durante la tempestad, al parir piedras de rayo, *ni el gemir de los ríos al salirse de cauce,* oleosos, matricidas, nada comparable al grito de una pequeña de hueso y carne con piel humana... (1961, p. 886).

Utilizando as palavras de Greimas, poderíamos dizer que o fragmento transcrito

comporta um *dispositivo gráfico* caracterizado pela escolha dos tipos, a decupagem da frase, a decupagem em parágrafos, etc. A última, no entanto, poderia considerar-se como o critério quase natural — ou, pelo menos, como a marca evidente da intervenção direta do narrador na organização do discurso — embora só possua, infelizmente, um caráter indicativo, isto é, facultativo e não-necessário. Isso se deve, cremos, ao fato de que todo discurso — e mais precisamente o discurso narrativo — apresenta uma organização realizada em vários planos e ainda ao fato de que a marcação dos parágrafos pode corresponder a uma delimitação indiscutível, mas situada seja em um ou em outro dos níveis do desenvolvimento discursivo (1976, p. 19).

Sem entrar em pormenores, podemos dizer, em relação aos sintagmas grifados, que suas extensões significantes são, vistas lingüisticamente, arbitrárias; em contraposição, deixam de ser arbitrárias quando consideradas na condição de material semiótico com o qual o narrador representa espaços significantes que não definem o plano da expressão de signos verbais. Nesse caso, os sintagmas grifados são elementos necessários a referencialidade sígnica, isto é, eles expressam planos significantes de signos não-verbais. Nesse mecanismo, a regra de leitura, no caso de que a referencialidade sígnica se reporte ao ideograma, seria a seguinte, tendo em mira um contacto com o corpo de *Torotumbo:*

$$
\left\{ \begin{array}{l} \text{plano da expressão lingüística} \\ \left. \begin{array}{l} \text{plano da expressão ideogramática} \\ \hline \text{significados do ideograma} \end{array} \right\} \begin{array}{l} E \\ C \end{array} \end{array} \right\} E
$$

$$
\Big\{ \quad \text{violação da menina-índia} \quad \Big\} C
$$

O modelo alcançará seu objetivo no instante em que o leitor realize, em seu ato de leitura, uma combinatória resultante da relação de algum significado do ideograma com os significados do conteúdo resumido em *violação da menina-índia.* O leitor que conheça *Torotumbo* talvez se lembre que a indiazinha Natividad cai nas garras de Tamagás depois de abandonar o *centro do pátio* para entrar na galeria das máscaras. O modelo proposto poderá ser aplicado mesmo a romances que, como *El Señor Presidente,* apresentam, segundo as leituras mais conhecidas, fábulas determinadas por ideologias políticas de fácil identificação. É possível, para sugerir uma área de contacto, que o pátio visto por Cara de Angel antes de se despedir do Senhor Presidente forneça ao leitor as pistas desta representação segunda de que se vale Miguel Angel Asturias para descentralizar os conteúdos simbólicos. Outro tanto pode ser experimentado nesse amplo campo de jogo constituído por *Hombres de Maíz, Mulata de Tal, El Espejo de Lida Sal* ou *Leyendas de Guatemala.*

Cambridge, Mass., 1977.

BIBLIOGRAFIA CITADA

ALEXANDRU GEORGESCU, Paul.
1971: *Arta Narativa a Lui Miguel Angel Asturias*. Bucarest, Editura Didactica.

ANTÔNIO CÂNDIDO.
1956: *Ficção e Confissão*. Rio de Janeiro. José Olympio.

ARGUEDAS, José Maria.
1968: "La novela y el problema de la expresión literaria en el Perú. In: *Yaguar Fiesta*. Santiago de Chile, Ed. Universitaria.

ASTURIAS, Miguel Angel.
1955: *Obras escogidas*. Madri, Aguilar.
1961: *Obras escogidas II*. Madri, Aguilar.
1967: *El Espejo de Lida Sal*. 2 ed., México, Siglo XXI.
1971: *Trois des quatre soleils*. Gèneve, Albert Skira Editeur, 1971. (Traduzido do espanhol Cláude Couffon).
1973: Função Sagrada dos Códices pré-colombianos. *O Correio*, n. 2, Rio de Janeiro.

ANÔNIMO.
1972: *Popol-Vuh. Antiguas historias de los indios quichés de Guatemala*. Advertencia, versión y vocabulario de Albertina Saraiva E. (ilustración con dibujos de los códices mayas). 8.ª ed., México, Editorial Porrúa.

BARTHES, Roland
1970: *S/Z*. Paris, Seuil.
1977: *Fragments d'un discours amoureux*. Paris, Seuil.

BENVENISTE, E.
1966: *Problèmes de linguistique générale*. Paris, PUF.

BELLINI, Giuseppe.
1966: *La narrativa di Miguel Angel Asturias*. Milano, Istituto Editoriale Cisalpino.

CAMPOS, Haroldo de.
1977: *Ruptura dos gêneros na Literatura Latino-Americana*. São Paulo, Perspectiva.

CHIBÁN, Alicia.
1975: El Símbolo y *Hombres de Maíz*. *Megafón*. *Revista Interdisciplinaria de Estudios Latinoamericanos*. Buenos Aires, Tomo I, n. 2, pp. 105/120.

CARROLL, Lewis.
1977: *Aventuras de Alice no País das Maravilhas*. Trad. de Sebastião Uchoa Leite, Rio, Fontana-Sumus.

DORFMAN, Daniel.
1972: "*Hombres de Maíz*: El mito como tiempo y palabra". In: *Imaginación y violencia en América*. 2 ed., Barcelona, Anagrama.

ECO, Umberto.
1975: *Trattato di Semiotica Generale*. 4. ed., Milano, Bompiani.

EISENSTEIN, S. M.
1974: *El Sentido del Cine*. Buenos Aires, Siglo XXI.

FELDMANN, Helmut
1967: *Graciliano Ramos — Reflexos da sua Personalidade na Obra*. Fortaleza, Imprensa Universitária do Ceará.

FUENTES, Carlos.
1972: *La nueva novela hispanoamericana*. México, Joaquín Mortiz.

GENETTE, G.
1972: *Figuras III*. Paris, Seuil.

GIRARD, Rafael.
1966: *Los Mayas*. México, Libro Mex-Editores.

GREIMAS, A. J.
1966: *Sémantique Structurale*, Paris, Larouse.
1976: *Maupassant. La sémiotique du texte: exercices pratiques*. Paris, Seuil.

HARSS, Luis.
1966: *Los Nuestros*. Buenos Aires, Sudamericana.

LAFERRIÈRE, Daniel.
1974: Automorphic Structures in the Poem's Grammatical Space. *Semiotica*, X, 4, 333-349.

LEÓN HILL, Eladia.
1972: *Miguel Angel Asturias. Lo ancestral en su obra Literaria*. Nova York, Eliseo Torres and Sons.

LÉVI-STRAUSS, Claude.
1973: *Anthropologie Structurale deux*. Paris, Plon.

LINS, Álvaro.
1973: "Valores e Misérias das Vidas Secas". In: RAMOS, Graciliano. *Vidas Secas*, 31 ed., S. Paulo, Martins.

LOPES, Edward.
1976: *Fundamentos da Linguística Contemporânea*. São Paulo, Cultrix.

MARTÍ, Manuel.
1961: *Canto, danza y música precortesianos*. México, Fondo de Cultura Económica.

MOURÃO, Rui.
1969: *Estruturas, Ensaio sobre o romance de Graciliano*. Belo Horizonte, Edições Tendência.

PAOLI, Roberto.
1964: *Poesia, di César Vallejo*. Milano, Lerici Editore.

PEÑUELA CAÑIZAL, Eduardo.
1969: "La ficción de Miguel Angel Asturias". In: *La consagración del Instante* (livro escrito em colaboração com Edward Lopes). São Paulo, U.S.P., I.C.H.S.P., pp. 133/182.

PINTO, Rolando Morel.
1962: *Graciliano Ramos autor e ator*. Assis, F.F.C.L.

RAMOS, Graciliano.
 1973: *Vidas Secas*. 31.ª ed., São Paulo, Martins.
 1965: *Barren Lives*. English translation by Ralph Dimmick. Austin, University of Texas Press.

SELER, Eduardo.
 1963: *Comentarios al Codice Borgia*. México, F.C.E.

VALLEJO, César.
 1966: *Literatura y Arte*. Buenos Aires, Ed. del Mediodía.
 1973: *Trilce*. English version by David Smith. New York, Grossman Publishers.

VARGAS LLOSA, Mario.
 1969: "Tres notas sobre Arguedas". In: *Nueva Novela Latinoamericana I*, Buenos Aires, Paidós, pp. 30/54.

Coleção ELOS

1. *Estrutura e Problemas da Obra Literária*, Anatol Rosenfeld.
2. *O Prazer do Texto*, Roland Barthes.
3. *Mistificações Literárias: "Os Protocolos dos Sábios de Sião"*, Anatol Rosenfeld.
4. *Poder, Sexo e Letras na República Velha*, Sergio Miceli.
5. *Do Grotesco e do Sublime*. (Tradução do "Prefácio" de *Cromwell*), Victor Hugo (Trad. e Notas de Célia Berrettini).
6. *Ruptura dos Gêneros na Literatura Latino-Americana*, Haroldo de Campos.
7. *Claude Lévi-Strauss ou o Novo Festim de Esopo*, Octavio Paz.
8. *Comércio e Relações Internacionais*, Celso Lafer.
9. *Guia Histórico da Literatura Hebraica*, J. Guinsburg.
10. *O Cenário no Avesso (Gide e Pirandello)*, Sábato Magaldi.
11. *O Pequeno Exército Paulista*, Dalmo de Abreu Dallari.
12. *Projeções: Rússia/Brasil/Itália*, Bóris Schnaiderman.
13. *Marcel Duchamp ou o Castelo da Pureza*, Octavio Paz.
14. *Os Mitos Amazônicos da Tartaruga*, Charles Frederik Hartt (Trad. e Notas de Luís da Câmara Cascudo).
15. *Galut*, Izack Baer.
16. *Lenin: Capitalismo de Estado e Burocracia*, Leôncio Martins Rodrigues e Ottaviano De Fiore.
17. *As Teses do Círculo Lingüístico de Praga*.
18. *O Texto Estranho*, Lucrécia D'Aléssio Ferrara.
19. *O Desencantamento do Mundo*, Pierre Bourdieu.
20. *Teorias da Administração de Empresas*, Carlos Daniel Coradi.
21. *Duas Leituras Semióticas*, Eduardo Peñuela Cañizal.
22. *Em Busca das Linguagens Perdidas*, Anita Cevidalli Salmoni.
23. *A Linguagem de Beckett*, Célia Berrettini.
24. *Política, Jornalismo e Participação*, José Eduardo Faria.
25. *Idéia do Teatro*, José Ortega y Gasset.
26. *Oswald Canibal*, Benedito Nunes.
27. *Mário de Andrade/Borges*, Emir Rodríguez Monegal.
28. *Poética e Estruturalismo em Israel*, Ziva Ben-Porat e Benjamin Hrushovski.
29. *A Prosa de Vanguarda na Literatura Brasileira*, 1922/29, Kenneth David Jackson.
30. *Estruturalismo: Russos x Franceses*, N. I. Balachov.

POLIGRÁFICA LTDA.
PBX 291-7811 - 291-1472